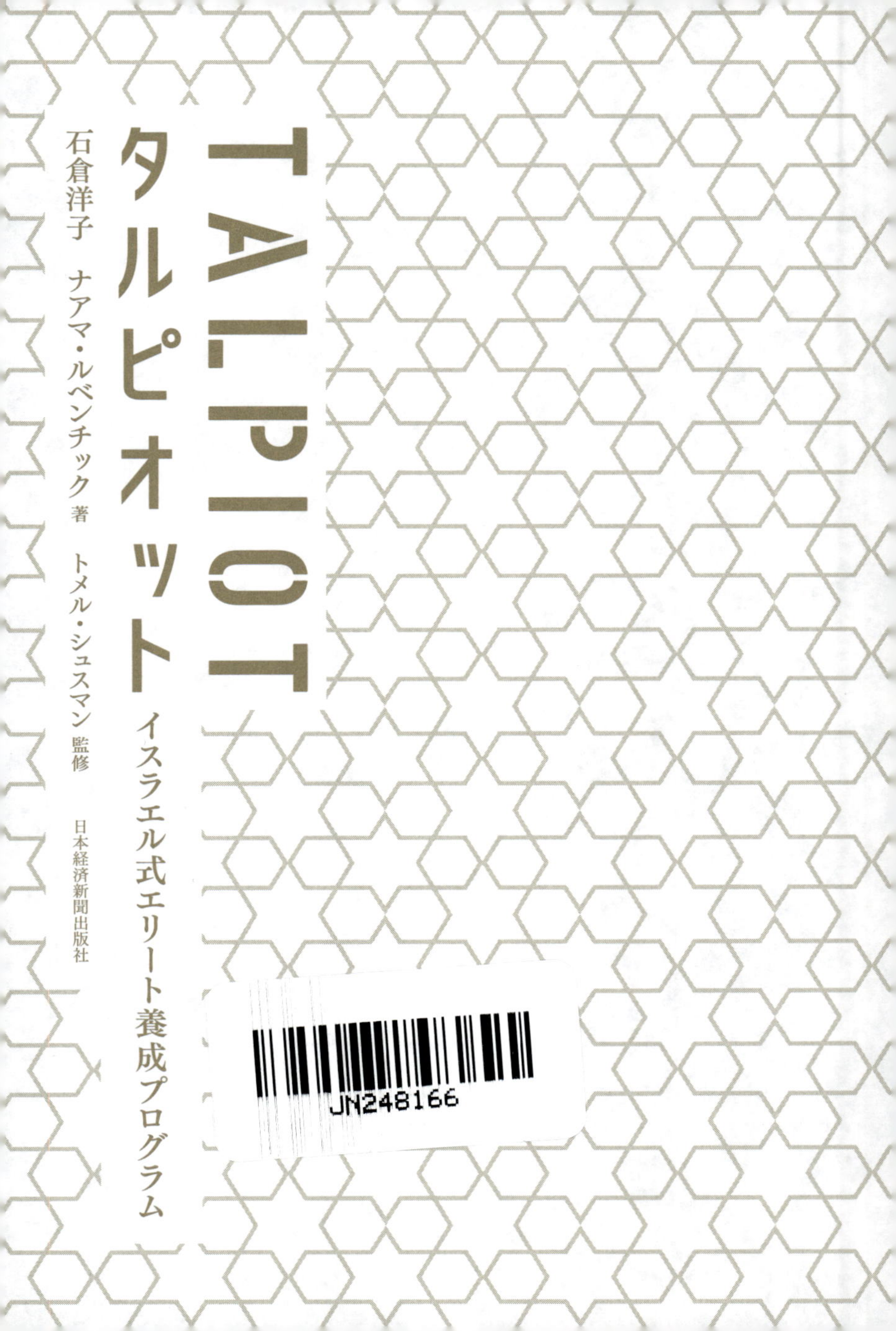
TALPIOT
タルピオット
イスラエル式エリート養成プログラム
石倉洋子
ナアマ・ルベンチック 著
トメル・シュスマン 監修
日本経済新聞出版社
JN248166

タルピオット

イスラエル式エリート養成プログラム

はじめに

イスラエルに隠されたイノベーションが生まれるヒント

私のイスラエルとの「出会い」は、2018年11月にさかのぼります。

当時、東京の六本木ヒルズで行っていた、グローバル人材を育成するためのプログラム「グローバル・アジェンダ・ゼミナール」で、「なぜイスラエルでは多くのイノベーションが生まれるのか?」というセッションを開催しました。ゲストスピーカーとして講演をしてくれたのが、トメル・シュスマンさんでした。

トメルさんは、イスラエル国防軍で、毎年50人しか選ばれないというエリートプログラム「タルピオット」の出身。物理学者として防衛省で働いた後、タルピオットのチーフ・インストラクター兼副司令官を務め、現在はヘルスケア関連のスタートアップ2社を設立中です。

「徴兵制」「軍隊での教育」「創造性」「イノベーション」という、思いもよらない意外な組み合わせに、会場にいる参加者も、モデレーターを務めた私自身も、どんどん引き込まれていきました。そして私は「ここには、日本企業が求めるイノベーションを生み出すヒントが隠されている」と確信したのです。

トメルさんは、タルピオット卒業時に最優秀士官賞を受賞。その後、国防軍内でさまざまな要職に就き、タルピオットのチーフ・インストラクター兼副司令官として、教える立場にもありました。さらにその後、スタートアップも起業しています。軍隊での教育方針、タルピオットプログラムがどのように運営されているのか、プログラムでの学びが起業でどのように生きているのかまで語ることができます。まさに、イノベーション創出の秘密を語るのにぴったりの人物です。

さらにトメルさんの妻、ナアマ・ルベンチックさんは、イスラエル国防軍ではエリート部隊の1つとして知られる諜報部隊「8200」の出身で、日本文化にも通じています。

日本語が堪能で、在イスラエル日本大使館での勤務経験もあります。2018年11月当時は、日本の文部科学省の奨学金で京都大学大学院経済学研究科に留学中でした。イスラエルと日本の違いを踏まえて、イスラエルの文化や、スタートアップを取り巻くエコシステム、タルピオットプログラムについて解説してくれます。

イスラエルのイノベーションの秘密を探るうえで、理想的な2人のパートナーを得て、スカイプで何度もディスカッションをしながら本書の原稿をまとめていきました。

先端テクノロジーを武器にした「若い国」

私は、もちろん知識としては、イスラエルがハイテク人材の宝庫であること、さまざまなハイテクスタートアップが生まれていることなどは知っていましたし、アメリカとのつながりが深かったので、これまでにもユダヤ人の友人はたくさんいました。

ユダヤ人の友人たちは、メディア、ファッション、大学や研究機関などで、非常にユニークな成果を挙げていますし、教育熱心なことで知られる「ジューイッシュマザー（ユダヤ人の母親）」たちの様子も、よく知っていました。また、海外で行われるカンファレンスやワークショップでは、素晴らしい科学技術を披露し、はっとするようなクリエイティブな視点の発言をするイスラエル人たちも印象に残っていました。

しかし、それはあくまでもイスラエル人・ユダヤ人個人に対して抱く印象に過ぎず、「イスラエルという国がどんな国なのか」という姿はイメージを結んでいなかったのです。

それが、2018年11月にトメルさんと出会い、トメルさんやナアマさん、日本にいるイスラエル関係者とのディスカッションや、さまざまなリサーチを通じて、イスラエルという「国」の姿が、少しずつイメージを結ぶようになってきました。

特に、建国して70年余りの若い国が、先端テクノロジーを武器に「スタートアップネーション（起業国家）」と呼ばれるようになるまでに、それほど時間がかかっていないことには驚きました。日本が「失われた30年」で低迷している間に、華麗な変身を遂げることができたのはなぜなのか。好奇心が刺激されました。

過去・現在・未来が混在する街

実際にこの目でイスラエルを見てみたい、イスラエルのスタートアップ起業家と話がしてみたいという気持ちが大きくふくらみ、2019年11月に、現地を訪れる機会を得ることができました。ナアマさんには、官民さまざまな分野のスタートアップ関係者とのインタビューをアレンジしてもらいました。

テルアビブは、立ち並ぶ高層ビル、縦横無尽に走り回る電動キックボード、洗練されたレストランやブティック、昔ながらのマーケットや古い教会、モスク、シナゴーグなど、過去・現在・未来を象徴する光景が混在する街でした。若者の表情は明るく、国全体がエネルギーに満ちあふれています。出会った起業家たちはみな、非常に前向きで未来志向。自社のテクノロジーで、世の中をどう変えたいか、目を輝かせながら説明してくれました。国全体が、新しいものが生まれる予感にあふれていたのです。

さらに、日本に対する関心が高いことにも驚きました。街は日本食ブームのようで、あちこちにスシ・バーがあって繁盛しています。また、滞在中、街では日本人はおろか、アジア人の姿を見かけることはまったくありませんでしたが、「日本から来た」と言うと、ビジネスだけでなく文化や教育について、質問攻めにあいました。

低迷を続ける日本が摑んだタイミング

両国の企業の間では、いくつか協業が進み始めています。しかし、現地でその進捗を見聞きすると、うまくいっているところと、思うように進んでいないところに分かれていました。互いが持っているもの、持っていないものは何か。それらを活かし、双方の力を組み合わせてイノベーションを起こすためには、何をすればいいのか。何度も仮説を立てては覆され、さらにインタビューを追加し、ようやく書籍の形にまとまりました。

２０２０年３月には、イスラエルへの直行便が就航します。また、夏には東京オリンピックが開催され、世界から注目を集めます。低迷を続ける日本が、イノベーションの秘密を学び、変化のきっかけをつかむには、格好のチャンスであり、最後のチャンスでもあります。本書が、イノベーション、そして変革を追求するみなさんの、ヒントになることを願っています。

石倉洋子

２０２０年３月

TALPIOT

目次

CONTENTS

第3章 イスラエルを支える「エコシステム」の秘密 051

第4章 なぜ、日本企業にイスラエルのスタートアップが必要なのか 121

TALPIOT

第1章

「中東のシリコンバレー」イスラエル

世界中から集まる技術と優秀な人材

なぜイスラエルが注目されているのか

日本人が、現在のイスラエルについて知っていることは、かなり限定的だろう。これだけ海外旅行が一般的になった今も、イスラエルに行ったことがある人はまだ少なく、多くの人がイスラエルに対して抱くイメージは「紛争地域」「テロ」といったものだ。かく言う私も、最近までイスラエルに行ったことがなく、以前はどんな国なのか全く想像もつかなかった。渡航前には周りの人から「本当に大丈夫なのか？」と治安を心配する声をたくさん掛けられた。

実際に行ってみると、イメージは大きく覆される。特にイスラエル第二の都市であるテルアビブは、高層ビルが立ち並び、おしゃれなレストランやカフェ、ブティックが並ぶ都会だ。治安は良く、夜遅くまで食事や散歩を楽しむ家族連れの姿も多い。ホテルやアパートなどの不動産価格は、東京並み、または東京以上に高騰しており、物価も高い。海岸線の美しいビーチは、ヨーロッパなど各地から観光客が集まるリゾート地になって

[出所]外務省

いる。

物価や不動産価格を押し上げる大きな要因となっているのがハイテクブームだ。テルアビブからハイファまでの一帯は、中東のシリコンバレー「シリコン・ワディ」(ワディはヘブライ語やアラブ語で「水のない川」の意)と呼ばれ、名だたるグローバルハイテク企業の研究開発拠点やハイテクスタートアップの集積地となっている。世界中から、最先端の技術と優秀な人材を求める企業やビジネスパーソンがイスラエルに押し寄せているのだ。

テルアビブは、スタートアップ環境の調査会社スタートアップブリンクによる、2019年の「スタートアップエコシステムランキング」で、サンフランシスコ、ニューヨーク、ロンドン、ロサンゼルス、ボストンに続いて6位にランクされた。別のスタートアップ調査会社、スタートアップ・ゲノムの同年のランキングでも、シリコンバレー、ニューヨーク、ロンドン、北京、ボストンに続いて6位だった。

イスラエルを「発見」した日本

多くの日本人は、「いつの間にか」イスラエルが世界で注目を集めるスタートアップ国家になったと感じるだろう。

日本がイスラエルを「発見」し始めたのは、ここ数年のことだ。

駐日イスラエル大使館で経済貿易ミッション代表を務めるノア・アッシャー経済公使によると、「以前のイスラエルは、日本の企業にとってはほとんど未知の国。日本の経済団体や企業とは、アポを取ることすら難しかった」と話す。

しかし2014年、風向きが大きく変わった。

2月に日本経済団体連合会（経団連）ミッションがイスラエルを訪問、5月には、イスラエルのネタニヤフ首相が来日し、7月には茂木敏充経済産業大臣（当時）が渡航した。翌2015年には30社近くの大手電機や食品メーカーなどとともに安倍晋三総理がイスラエルを訪問。アッシャー経済公使は、「これ以降、日本企業から我々への問い合わ

駐日イスラエル大使館　経済貿易ミッション代表のノア・アッシャー経済公使

せが急増した」と話す。

日本銀行の「国際収支統計」によると、日本からイスラエルへの投資額は、2013年の11億円から2017年には1251億円まで一気に約114倍も増えている。ただ、アッシャー経済公使は「今ようやく日本企業はイスラエルのハイテクスタートアップに目を向け始めたところ。これは、日本とイスラエルの協力関係が秘めているポテンシャルの、氷山の一角にすぎない」と言い切る。

世界トップレベルの〝ハイテク立国〟

イスラエル経済の成長ぶりは目覚ましい。

日本がバブル崩壊の後、「失われた20年」と呼ばれるほど低迷している間に、イスラエルは経済発展を遂げた。1990年代ごろから高い経済成長率を記録。2001年と2002年は、2000年の第二次インティファーダ（パレスチナ住民の対イスラエル蜂起）とITバブル崩壊によりマイナス成長となったが、それ以降の経済成長率は概ねOECD（経済協力開発機構）平均を上回っており、日本に比べてもはるかに高い。2018年の経済成長率は3・4％と、日本（0・8％）やアメリカ（2・9％）を大幅に上回る。

牽引しているのはハイテク産業だ。イスラエルの輸出に占めるIT製品の割合は、2017年時点で約10・8％で、10年前に比べて8ポイント増えている。ちなみに日本は8・4％で、この間4・8ポイントのダウン、アメリカは9・5％で、2・2ポイントのダウンだった。

イスラエルは「スタートアップネーション（起業国家）」と呼ばれるほどに、ハイテクスタートアップを輩出しており、毎年、1000社近くが産声を上げている。2018年末時点で6600以上のスタートアップが活動しており、2014年に比べて27％増えている。

ここで生まれたスタートアップには、企業などのネットワークを不正なアクセスから守る「ファイアウォール」を開発したチェック・ポイント・ソフトウェア・テクノロジ

世界および主要国・地域の経済成長率

（単位：％、ポイント）

国・地域	2018年	2019年（予測）		2020年（予測）	
	伸び率	伸び率	7月予測差	伸び率	7月予測差
世界	3.6	3.0	△0.2	3.4	△0.1
先進国	2.3	1.7	△0.2	1.7	0.0
米国	2.9	2.4	△0.2	2.1	0.2
ユーロ圏	1.9	1.2	△0.1	1.4	△0.2
ドイツ	1.5	0.5	△0.2	1.2	△0.5
フランス	1.7	1.2	△0.1	1.3	△0.1
イタリア	0.9	0.0	△0.1	0.5	△0.3
スペイン	2.6	2.2	△0.1	1.8	△0.1
英国	1.4	1.2	△0.1	1.4	0.0
日本	0.8	0.9	0.0	0.5	0.1
新興・途上国	4.5	3.9	△0.2	4.6	△0.1
アジア新興・途上国	6.4	5.9	△0.3	6.0	△0.2
中国	6.6	6.1	△0.1	5.8	△0.2
インド	6.8	6.1	△0.9	7.0	△0.2
ASEAN5カ国	5.2	4.8	△0.2	4.9	△0.2
中南米	1.0	0.2	△0.4	1.8	△0.5
ブラジル	1.1	0.9	0.1	2.0	△0.4
メキシコ	2.0	0.4	△0.5	1.3	△0.6
欧州新興・途上国	3.1	1.8	0.6	2.5	0.4
ロシア	2.3	1.1	△0.1	1.9	0.0
中東・中央アジア	1.9	0.9	△0.5	2.9	△0.3
サブサハラアフリカ	3.2	3.2	△0.2	3.6	0.0
南アフリカ共和国	0.8	0.7	0.0	1.1	0.0

[注] ①ASEAN5カ国は、インドネシア、マレーシア、フィリピン、タイ、ベトナム。2019年10月予測から、ロシア・CIS諸国は、欧州新興・途上国もしくは中東・中央アジアのいずれかに分類。②7月予測差は、IMFの「世界経済見通し改定版」の2019年7月予測値との差。
[出所] IMFの「世界経済見通し」（2019年10月）から日本貿易振興機構（ジェトロ）作成

イスラエルはどんな国か

		2016年	2017年	2018年
①人口：906万人（2019年7月末）	④実質GDP成長率（％）	4.0	3.5	3.3
②面積：2万2,072㎢	⑤消費者物価上昇率（％）	△0.1	0.4	0.5
③１人あたりGDP：4万1,644米ドル（2018年）	⑥失業率（％）	4.8	4.2	4.0
	⑦貿易収支（100万米ドル）	△5,231	△7,993	△14,659
	⑧経常収支（100万米ドル）	12,267	10,120	10,995
	⑨外貨準備高（グロス）（100万米ドル）	98,447	113,011	115,279
	⑩対外債務残高（グロス）（100万米ドル）	87,128	88,642	92,081
	⑪為替レート（1米ドルにつき、シェケル、期中平均）	3.8406	3.5998	3.5949

[注] 2018年値はすべて暫定値。②：ヨルダン川西岸・ガザ地区を除き、ゴラン高原、東エルサレムを含む。⑦は通関ベース

[出所] ①②④～⑧⑩⑪：イスラエル中央統計局（CBS）、③：World Economic Outlook, IMF（2019年4月版）、⑨：イスラエル中央銀行
日本貿易振興機構（ジェトロ）

１人あたりのベンチャーキャピタル投資額（2018年）

［出所］Start-Up Nation Central

ーズや、ＵＳＢフラッシュドライブを開発したエム・システムズ、２０１７年にインテルが約１５３億ドル（約１兆７０００億円）で買収して注目を集めた、自動運転技術開発のモービルアイなど、華々しい企業が名を連ねる。

人口は約９００万人と大阪府と同じくらい、面積は２・２万平方キロメートルと四国くらいの小国だ。しかし、国民一人あたりのベンチャーキャピタル（ＶＣ）投資額は６７４ドルで世界一。対ＧＮＰ（国民総生産）比でも０・３８％と世界一で、アメリカ（０・３６％）を上回る。ちなみに日本は０・０２％と10分の１以下の比率だ。

上昇するハイテク人材の割合

ＧＤＰ（国内総生産）に占める研究開発費の割合

は、長くＯＥＣＤ加盟国中1位か2位を保っている。２０１７年は４・５４％と、韓国（４・５５％）に次いで2位。ＯＥＣＤ平均の２・３７％や日本の３・２１％に比べてもかなり高い。国全体で、科学技術を磨いてイノベーションを創出しようと力を入れている様子が見て取れる。アメリカのコーネル大学、フランスのビジネススクールＩＮＳＥＡＤ、国連機関の世界知的所有権機関（ＷＩＰＯ）が発表した「グローバル・イノベーション・インデックス２０１９年版」では、前年から1ランク上がって10位。一方、日本は前年から2ランク落として15位だった。

国を挙げた科学技術志向は、労働人口の構成にも表れている。イスラエル政府のイノベーション庁が２０１９年８月に公表したデータでは、２０１８年のイスラエルの労働人口に占めるハイテク人材の割合は８・７％で、前年から０・４ポイント上昇している。同庁が２０１８年12月に出したレポートでは、２００３年を１００％としたときの２０１６年の平均賃金は、労働市場全体では１４０％だったが、ハイテク産業だけを見るとそれを上回る１５７％だった。このレポートでは、こうした賃金上昇を、需要が供給を上回っているためと分析。背景には、旺盛なベンチャー投資や、ハイテクグローバル企業の参入増加があるとしている。優秀なハイテク人材を、スタートアップやハイテクグローバル企業が取り合っている姿が浮かび上がる。

世界から資金を惹きつけるイスラエルのエコシステム

グローバル企業のR&D拠点がひしめく

日本は、ここ数年でようやくイスラエルに目を向け始めたところだが、それよりもずっと前の1970年代から、ハイテク人材やスタートアップに着目した欧米グローバル企業がイスラエルに進出している。

1970年代初めにIBMとインテルが研究開発（R&D）拠点を設置したのを皮切りに、1989年にはマイクロソフトなどが続いた。実は少ないながらも1990年代には日本企業が進出、TDKラムダ、安川電機などが、現地企業を買収して開発や製造拠点などを設立している。

急増したのは2000年代だ。シーメンス（2000年）、フィリップス（2001年）、グーグル（2006年）、GM（2008年）なども続き、2015年には46カ所が加わった。日本企業では、2007年にはサン電子が、モバイル端末向け犯罪捜査用ソリューションを開発するセレブライトを買収している。現在では300社以上のグローバル企業がイスラエルに研究開発拠点を設置している。

その中にはアマゾン・ドット・コム、アップル、フェイスブック、オラクル、シスコ、アプライドマテリアルズ、SAPや、スリーエム、サムスン電子、ファーウェイなども名を連ねる。マイクロソフトやアップルにとっては、アメリカ以外で初めて設立した研究開発拠点がイスラエルだ。半導体メーカーのインテルやアプライドマテリアルズは、イスラエルで製造も行っている。

グーグルで検索を入力するときに、一緒に検索されることの多いキーワードが自動で表示される「Google サジェスト」、それぞれの単語がどのように検索されているかを見るツール「Google トレンド」などの多くのテクノロジーが、イスラエルのグーグル研究開発拠点で誕生している。

マイクロソフトの研究開発拠点からは、体の動きなどを検知してコンピューターなどを操作する「Kinect(キネクト)」、VPNゲートウェイ技術、ウィルス対策ソフト「Security Essentials」などが生まれた。

イスラエルに研究開発拠点を置く企業の大多数はアメリカに本社を置く企業だ。しかし、研究開発拠点の設置だけでなく、イスラエルスタートアップへの投資や、さまざまなプログラムのスポンサーなど、ほかの形でイスラエルに進出している企業を合わせると、今やその数は500社以上、60カ国にわたるという。

こうしたグローバル企業の拠点は、優秀なイスラエル人エンジニアたちを従業員として雇い入れるだけでなく、ユニークな技術やアイデアを持つイスラエルのハイテクスタートアップと組むことで、イスラエル発の新たなテクノロジーをグローバルに広げている。

また、グローバル企業で働き資金や経験を得たイスラエル人たちは、ハイテクスタートアップを起業。起業に失敗した起業家は、失敗で学んだ経験を持ってグローバル企業で職を得る。こうした好循環によって、イスラエルのスタートアップを取り巻くエコシステム（生態系）はさらに、世界各地からビジネスや資金を惹きつけている。

進み始めたイスラエル進出

やがて日本企業の動きも目立つようになってきた。2014年には楽天が、スマートフォン向け無料通話サービスのバイバー・メディアを9億ドルで買収。2016年にはソニーが、半導体メーカーのAltair Semiconductor（以下、アルティア）を2億1200

新しさと歴史が混在するテルアビブの街並み

万ドルで買収した。田辺三菱製薬は２０１７年に、医薬品ベンチャーのニューロダームを11億ドルで買収している。

このほか、武田薬品工業、ＳＯＭＰＯホールディングス、デンソー、富士通、ＳＢＩホールディングス、村田製作所、トヨタなどが、さまざまな形でイスラエルに進出している。外務省の統計によると、２０１８年10月1日時点で日本企業71社がイスラエルに拠点を置いている。5年間で約3倍に増えた計算だ。

アビームコンサルティングでイスラエルのスタートアップとの協業支援を担当する坂口直樹氏は、「２０１６年より前あたりは、イスラエルのスタートアップに関心を持つ企業の多くはＩＴやハイテク企業が中心だったが、ＡＩ（人工知能）ブームの後は自動車、金融、コンシューマー系などの事業会社に広がったように感じる」と話す。

「Uber（ウーバー）やAirbnb（エアビーアンドビー）などのスタートアップが既存の業界を破壊する様子を目の当たりにし、『デジタル化を進めなくては』という危機感が高まったのではないかと思う。また、これによって『スタートアップとは単なる〝小さな会社〟ではない』と、認識が変わってきたのでは」（坂口氏）。

イスラエル企業の日本進出も目にするようになってきた。ジェネリック医薬品大手のイスラエル企業テバが、武田薬品工業と合弁会社を設立して日本市場で展開しているほか、半導体メーカーのタワージャズもパナソニックと合弁会社を作って、パナソニックの北陸の3工場を引き継いでいる。死海の塩を使ったボディケア用品メーカー「SABON（サボン）」や、チョコレートバー「マックスブレナー」も人気を集めている。

こうした両国間の関心の高まりを受けて、2020年3月には日本・イスラエル間の直行便が就航する。週に3往復が予定されており、所要時間は、イスラエルから日本が11時間半、日本からイスラエルが12時間半だ。現在は乗り継ぎで16時間以上かかるため、大幅に「近く」なる。

次の章では、戦争のさなかに生まれた砂漠の小国イスラエルが、どのようにして今のような「中東のシリコンバレー」に生まれ変わったのか、簡単に歴史を紐解いてみたい。

坂口直樹氏はイスラエルをはじめとしたグローバルのスタートアップと日本企業の協業を支援している

TALPIOT

第2章

「スタートアップネーション」の誕生

科学技術に未来を託した砂漠の国

戦火の中の建国

イスラエルは、建国からわずか70年余りで「紛争とテロの国」から「ハイテク起業家の国『スタートアップネーション』」に姿を変えた。その背景には、地政学的環境が大きく関わっている。

イスラエルは、戦争のさなかに産声を上げた。第二次世界大戦の後、長く国を持たず各地で迫害されてきたユダヤ人の国家として、先住のパレスチナ人（多くがアラブ系のイスラム教徒）と対立するなかで1948年に独立が宣言された。しかし、これを不服とする周辺のアラブ諸国は、イスラエル建国と同時にパレスチナに攻め入り、第一次中東戦争が勃発。翌年に休戦協定が結ばれたが、以降もイスラエルとアラブ諸国は、1956年、1967年、1973年と、3度の戦争を経験している。この間、東エルサレムとゴラン高原を併合したが、日本を含めた国際社会の大多数に承認されていない。

1979年にエジプトと、1994年にヨルダンと和平条約が結ばれ、周辺国との戦

ネゲブ砂漠は国土の約6割を占める

争のリスクは下がったが、緊張関係は続いている。さらに、国内では難民化したパレスチナ人との対立が続いており、テロ攻撃や紛争も頻発している。

１９９３年にはパレスチナ解放機構（ＰＬＯ）とオスロ合意が成立し、パレスチナ暫定自治が始まっているが、２０００年の第二次インティファーダ（蜂起）では自爆テロなどによりテルアビブやエルサレムでも多数の死傷者が出た。

和平プロセスは停滞しており、現在もガザ地区を拠点とするイスラム原理主義組織ハマスによるロケット攻撃など、イスラエル軍とハマスの衝突は続いているが、テロによる死者は２００２年を境に大きく減っており、治安の改善に伴って観光客も増えている。

砂漠で食料を自給するために技術が発達

イスラエルは、国土の約6割を砂漠（ネゲブ砂漠）が占める。近年は地中海のガス田が発見・開発され、イスラエルの電力生産の半分以上をガスが担うようになったものの、以前は天然資源には恵まれていなかった。このため、かなり早い段階から教育や科学技術の振興に着目し、付加価値の高い産業を作り上げようとしてきた。

建国の25年前、1924年にはハイファにイスラエル工科大学（テクニオン）が、翌1925年にはエルサレム・ヘブライ大学が創設されており、1934年には、後に計算機科学のチューリング賞やノーベル化学賞受賞者を輩出するワイツマン科学研究所の前身となる、シーフ研究所が設立されている。

1954年にはここで、世界初のプログラム内蔵型コンピューターの一つであるWEIZACが開発され、後のイスラエルのハイテクブームの一つの端緒となった。WEIZAC開発の資金提供を行ったのは、シーフ研究所を創設した国際的な有機化学者のハイム・ワイツマン博士だ。ワイツマン博士はイスラエル建国の立役者で、初代大統領に就任。科学技術がイスラエル発展には不可欠と考えていた。科学技術重視の考え方は、建国時からイスラエルに脈々と流れ続けている。

街路樹が並ぶテルアビブ市内

イスラエルで最初に花開いたテクノロジーは、農業技術だった。

幾度も周辺国との戦争を経験したイスラエルにとって、食料の自給は死活問題だ。砂漠が多く降水量も少ないなか、農業生産を上げるためには、農業技術を開発するしかない。

そこにイノベーションを起こしたのが、1965年に創業したネタフィム社だ。同社が開発した点滴灌漑装置は、砂漠でも必要な水や肥料を無駄なく農作物の根に届けることができる。砂漠を農地に変える画期的な技術だ。今や同社は世界的なシェアを持ち、中国やインド、アフリカの砂漠地帯などでも同社の装置が使われている。

現在のイスラエルの都市には街路樹が並び、とても砂漠の国とは思えない。高速道路で街を離れても、しばらくはそこかしこに木々や畑が広がる。さらに行くと荒涼とした砂漠を目にすることになるが、そうした景色の変化は、元々乾燥した大地をさまざまな技術で緑化していったイスラエル人の努力のあとを表しているようだ。

今や食料自給率は9割を超え、オレンジやハーブ、パプリカなどについては輸出も行うほどの農業国になっている。農業とハイテクを組み合わせた「アグリテック」「フードテック」の分野にも強い。農業灌漑や水の浄化技術、脱塩技術などで世界トップクラスの科学技術力を持つほか、温室制御装置などのハイテク生産技術も発達している。

頭脳を求めハイテク多国籍企業が進出

イスラエルは1970年代には、企業の研究開発に対して助成を行うなど、ハイテク振興の取り組みを始めている。そしてこの頃から、アメリカのシリコンバレーで働いていた優秀なイスラエル人技術者たちがイスラエルに帰国し始め、それに伴ってハイテクグローバル企業がイスラエルに研究開発拠点を設置し始める。

その先駆けとなったのが、オランダで生まれて肉親をホロコーストで亡くし、戦後にイスラエルに移住したドブ・フローマンだ。

ハイテク企業などの高層ビルが多いテルアビブ

彼はイスラエル工科大学（テクニオン）を卒業してアメリカのカリフォルニア大学バークレー校大学院で半導体研究の道に進み、インテルの創業と同時に同社に入社した。1971年には、後にインテルに大きな収益をもたらすことになる新型の書き換え可能なメモリーチップEPROMを開発して翌年特許化している。

この頃、イスラエルで半導体事業を興して地元経済に貢献したいという夢を持っていたフローマンは、イスラエルに研究開発拠点を設置することをインテルに進言。深刻なエンジニア不足に悩まされていたインテルは、イスラエルのハイテク人材に着目し、1974年、イスラエルのハイファにアメリカ国外初の研究開発拠点を設置した。同時にフローマンもイスラエルに帰国し、4人の研究者とともに次世代チップの開発に取り組んだ。インテル・イスラエルはその後も、インテルがグローバル企業に躍進するきっかけとなった8088マイクロプロセッサー（IBM初のパーソナルコンピューターに搭載された）など、同社の屋台骨を支える多くの新製品を世に送り出している。また、現在はイスラエル各地に生産拠点を持ち、1万人以上を雇用。これまでに約350億ドル以上を輸出している。

1980年代になると、イスラエル政府もハイテクグローバル企業を積極的に誘致し始め、次々とハイテクグローバル企業が優秀な人材を求めてイスラエルに研究開発拠点を開設。シリコンバレーで働いていたイスラエル人技術者が帰国した際の受け皿になり、後には起業家を輩出する源ともなった。

ソ連崩壊で急増した高学歴移民

ハイテク産業が急成長を遂げるもう一つのきっかけが生まれたのは1990年代だ。1991年のソビエト連邦崩壊により、旧ソ連や東欧の国々から、科学者やエンジニア、技術者のユダヤ人が大量に移り住んできたのだ。

もともとイスラエルは移民の国だ。建国2年後の1950年には「帰還法」が制定され、ユダヤ人であれば無条件にイスラエルに移り住む（＝「帰還」する）ことができるようになった。

世界各地から次々にユダヤ人が移り住み、建国当時約80万人だった人口が、現在は約900万人と10倍以上に増加している。今のイスラエル国民の3分の1が国外生まれ、9割が移民や移民の子・孫世代とされている。

特に移民が急増したのが1990年代だった。ソ連の崩壊で、1990年には年間約18万人、1991年には約15万人、以降も2000年まで毎年5万〜6万人がイスラエルに移民した。

このグループに特徴的だったのは、多くの医師や科学者、エンジニア、技術職がいたことだ。旧ソ連からの移民の3人に1人が科学者やエンジニア、技術者だったというデータもある。博士号を保有していた人も多かった。

しかし、そのすべてをイスラエルの労働市場で受け入れるのは簡単なことではない。元いたイスラエル人の雇用を奪わずして移民を受け入れるためには、新たな雇用を移民自身で生み出してもらうほかない。政府は、研究開発の初期段階で必要な資金を供与し、研究成果を実用化する後押しを行うことで、高学歴の移民の起業を後押しした。

天然資源のないイスラエルにとって、唯一の資源は人であり頭脳だ。移民は、頭脳に加え、海外とのネットワークを携えてやってくる。さらに、もともと移民は起業家精神が旺盛だといわれる。移民にとって、起業はリスクではなくチャンスなのだ。

両親がホロコーストのサバイバーで、4歳の時にヨーロッパから移住してきたというシモン・エックハウス博士は、46歳だった1991年に最初の起業をして以来、これまで医療技術分野で20社以上を起業したシリアルアントレプレナー（連続起業家）だ。エックハウス博士は「移民は身一つでやってきて、何も失うものがない。チャレンジ精神が旺盛で、もともと起業家精神が旺盛な人が多い」と語る。

「戦争とテロの国」から脱却できた理由

足りないピースを埋めた「ヨズマ」プログラム

1980年代には、イスラエルで教育を受けた技術者や、シリコンバレーから帰国してハイテクグローバル企業の研究開発拠点で働く技術者らも増え、イスラエルに多くの「頭脳」が集まり始めていた。しかし当時のイスラエルは、研究開発には長けていたものの、起業や商品化まで至る例はまだ少なかった。資金や商品化のためのノウハウをもたらすはずのベンチャーキャピタルが不在だったのだ。

ベンチャーキャピタルは、ただ資金を供給するだけでなく、ほかの投資家や新規の見込み顧客、提携相手を紹介するなど、商品化して企業を成長させるためのサポートも行う。しかしこの時、海外投資家たちにとってもイスラエルは「戦争とテロの国」。積極的に投資しようというベンチャーキャピタリストはいなかった。

足りないピースを埋めることになったのが、1993年に生まれた「ヨズマ」(ヘブライ語で「イニシアチブ」)プログラムだ。政府が1億ドルを投資して、海外のベンチャーキャピタルと連携し10件ものベンチャーキャピタルを立ち上げたのだ。

それぞれ、政府が40%、民間が60%を出資。さらに、政府の出資分を民間が安く買い取れるようにした。つまり、政府がリスクを共有しながらも、成果のすべては投資家が得られることになる。投資家にとっては非常に有利な条件だ。

このベンチャーキャピタルにはダイムラー・ベンツ、京セラなども参画。15件のプログラムのうち9件が成功を収めた。また、10件のベンチャーキャピタルのうち8件は、政府出資分を民間が買い取った。

なくなり始めた「アラブボイコット」の影響

ヨズマをきっかけに海外の資金がイスラエルに流れ込み、ベンチャーキャピタルが増加した。今ではイスラエルの人口一人あたりのベンチャーキャピタル投資は、世界一のレベルにまでなっている。また国連貿易開発会議（UNCTAD）によると、1983年から1988年の5年間の海外投資流入額の平均は1億4100万ドルだったのに対し、2018年には約155倍の218億3000万ドルにまで増えている。

さらに「ヨズマ」プログラムが走り始めた1990年代は、前述の通り高学歴の旧ソ連・東欧からの移民が急増していた。インターネットの普及とも重なり、ハイテクスタートアップが次々と生まれ始め、イスラエルはITブームにも乗ることができた。

そもそもイスラエルは、非友好国に囲まれているため、ヨーロッパやアメリカなど遠方の市場への輸出を余儀なくされていた。輸送費のかかる「かさばる」製品よりも、小型で付加価値の高い製品やソフトウェア、データテクノロジーの方が都合がいい。ITブームは、ようやく頭脳に加えて資金を得て、イスラエルが本領を発揮できる条件が揃っていたところにやってきた成長機会だったといえる。

さらに1990年代は、政治レベルでの外交関係が好転し始め、海外投資の障壁が徐々になくなってきた時期でもあった。「アラブボイコット」の影響がなくなり始めたのだ。

アラブボイコットとは、1940年代後半にイスラエルのパレスチナ占領に反発したアラブ諸国で始まった、イスラエルへの経済制裁措置だ。イスラエル製品の輸入禁止や、イスラエルの軍事力強化や経済発展に寄与する取引をしていると認定された外国企業との取引のボイコットなどを指す。

しかし、イスラエルと和平条約を結んだエジプトは、1980年にアラブボイコットを廃止。1993年のオスロ合意の翌年にはヨルダンも廃止したほか、サウジアラビア、アラブ首長国連邦、カタール、クウェートなど6カ国が加盟する湾岸協力会議（GCC）も、イスラエルとの取引があった企業へのボイコットを廃止している。欧米や日本などでは、かつてはアラブ諸国に配慮して、イスラエルとのビジネスを控える企業が多かったが、徐々にその必要がなくなってきた。

政府が環境を整備、科学技術と起業にフォーカス

「ヨズマ」プログラムのように、イスラエルの経済成長における政府の役割は大きい。しかし、国がすべてを計画し、国民や民間企業を手取り足取りガイドするような政策は行っておらず、企業にも国民にも自立や競争を促し、政府の側は障壁を取り除いて環境を整備することに徹してきた。

ハイテクスタートアップの振興については、50年ほど前に産業貿易労働省（現在の経済産業省）の下に置かれた、Office of the Chief Scientist（ＯＣＳ）という小さなチームが、ベンチャー企業への投資などの財政的支援を始めている。

のちにＯＣＳは経済産業省から独立した組織となり、２０１６年には改称されてイスラエル・イノベーション庁になった。今も積極的に、資金援助や投資などを通じて起業や研究開発の支援を行っている。

現在イノベーション庁で、国際部門のトップを務めるバイス・プレジデントのアヴィ・ルブトン氏は、「最近のイスラエルのスタートアップ環境は大きく変化している。かつては全くなかったユニコーン企業（評価額が10億ドル以上のスタートアップ）も生まれている。スタートアップを取り巻くエコシステムはより成熟し、海外との協業も増えた」

と話す。

イスラエルは、天然資源に恵まれず大半が砂漠という国土、非友好国に囲まれ数々の戦争や紛争に関わってきたという不安定な国際関係、などのネガティブな条件を、工夫で乗り越えてきた歴史を持つ。自国が持つもの、持たないもの、グローバル環境などを冷静に見極め、科学技術振興と起業の推進を続けてきた結果、「スタートアップネーション」として頭角を現すことになったのだ。

הבית
חוקי האהבה
זכרו מדוע
התאהבתם
חייך וכבד
את זולתך
תנו נשיקה
וחיבוק כל יום
משטרת ישראל
הקשיבו זה לזו
ותהא אהבתכם ברית עולם
היה שמח
דעו מתי לבקש
סליחה
פרגנו אחד
לשני

TALPIOT

第3章

イスラエルを支える「エコシステム」の秘密

最強のエコシステムはどう作り上げられたのか

「言われた通り」にはやらない

人口わずか900万人、面積は四国ほどで約6割が砂漠という小国が、イノベーションを生み続け、スタートアップネーションとして世界の注目を集めているのはなぜなのか。

前の章で触れた、国の政策や移民の流入は、イスラエルの成長を加速させる触媒の働きをしたが、さらにイスラエルには、起業家を輩出する土壌が培われていた。中でも重要な要素として挙げられるのは、ユダヤ教やユダヤ人の持つ議論の文化、徴兵制を背景としたイスラエル国防軍の人材教育、そしてスタートアップを取り巻くエコシステムの3つだ。

アビームコンサルティングで、イスラエルのスタートアップとの協業支援を担当する坂口直樹氏の指摘はおもしろい。「グローバル企業の本社が、世界各地の研究開発拠点に指示を出すと、ほかの国からは指示通りのものが仕上がってくるが、イスラエルだけは

Aniwo（エイニオ）の寺田彼日氏

『指示されたやり方よりこの方が、根本の課題解決には効果的だ』と、指示とは違うものが上がってくるといった話をよく聞く」という。

2014年からイスラエルに住む起業家の寺田彼日（あに）氏も、イスラエル人について、「仕事の依頼があると、言われた通りにやることは少なく、『（指示されたやり方ではなく）こっちのやり方の方がいいと思う』と、必ず自分なりに工夫してやろうとする」と話す。

徹底的に「疑う」ことでイノベーションが生まれる

そもそも、与えられた指示通りに考えていては、既存のやり方の延長線上でしかアイデアは生まれない。まずは前提条件を疑うとこ

テルアビブ大学講師の山森みか氏

ろから始め、新しい発想で課題解決しようとするのがイスラエル流なのだ。

親であれ教師であれ上司であれ、指示されたことをそのままやるのはよしとしない。「なぜ」それをしなくてはならないのか？「なぜ」あなたの指示通りやらなくてはならないのか？　もっといいやり方があるのではないか？　日本人であれば思いもつかないところから疑問を抱き、議論するところからすべてが始まる。

テルアビブ大学東アジア学科講師で、ユダヤ教に詳しい山森みか氏によると、「『ヘブライ語聖書』（いわゆる『旧約聖書』）にも、神に対して質問し、議論をする事例が多くある」という。例えば、「創世記」18章16節以下では、ソドムという町を滅ぼそうとする神に対して、

テルアビブ大学のキャンパス

アブラハムが説得を試みる。

アブラハムは、「ソドムに正しい者が50人いるとしても、それでも町を滅ぼすのか？」と神に質問し、神は「もし正しい者が50人いるならば、その者たちのために町全部を赦そう」と言う。その後、アブラハムは、「では45人ではどうか」「40人ではどうか」「30人ではどうか」などと交渉し、最後は「10人いれば滅ぼさない」という神の言質を取る。

神に質問するだけでなく、具体的な数値をもって神と議論し交渉するといった態度は、我々日本人には意外に感じられる。キリスト教も、ユダヤ教と同じヘブライ語聖書を使っているが、「ユダヤ教は、キリスト教に比べると、人間の議論を重視する方向に舵を切って展開しているようだ」と山森氏は述べている。

権威に挑戦することもためらわない「フツパー」

日本人は、与えられたもの、既存のものをじっくり観察、分析し、より良くしていく改善・改良が得意だといわれる。一方ユダヤ人は、既存の枠組みや前提条件を疑うところから始めて、新しいアイデアを生み出そうとする。だからこそ、既存のビジネスモデルを破壊するようなイノベーションにつながる発想ができるのだ。

ユダヤ人は約2000年前にイスラエルの地から追放され、世界各地に離散し、迫害や差別を受けてきた。昨日まで親しくしていた隣人が、手のひらを返すように差別する側に回る姿もたくさん見てきただろう。ナチスのホロコーストの例を持ち出すまでもなく、国も制度も、絶対的に信頼できる存在ではない。人に与えられた情報をうのみにするのではなく、自分で問いかけ、見極めて判断するしかないという思想が染みついているのではないだろうか。

イスラエルのスタートアップ、CoreTigo（以下、コアティゴ）のCEOを務めるエラン・ジグマン氏は、ドイツや日本の企業とビジネスをする際に、「全然質問をしてこないことには驚く。我々はとにかく、しつこく質問を重ねるので。大企業のビジネスパートナーからは、あまりにしつこいので、『もう質問はいいから、とにかくこちらが言ったこ

CoreTigo(コアティゴ)のエラン・ジグマン氏

とをやってくれないか』と呆れられるほど」と言う。「僕ら(ユダヤ人)は、ほかの人を信用していないからかもしれない」と笑う。

日本から見ると、アメリカの学校の授業風景は、子どもたちから質問がたくさん挙がって活気がある印象だが、ジグマン氏の印象は正反対だ。「上の子ども2人はアメリカで教育を受けた後でイスラエルに来たが、一番下の子どもはイスラエル生まれ。そのせいか、上の2人は教室では本当に静かで質問することが少ない。一方、イスラエル育ちの一番下の子は議論好きだしよく質問する」と言う。「イスラエルで学校の先生や、会社のマネジャーをするのは大変。どんどん質問されるし、議論を投げかけられてチャレンジされる」とも話す。

ユダヤ人が、自らを表現する際の言葉に「フツパー」がある。直訳が難しい言葉だが、「大胆」「図々しい」「あつかましい」「無遠慮」といった意味を持つ。権威に挑戦することもためらわず、疑問を投げかけたり議論したりする相手は自分の上司だけでなくビジネスパートナーやその上層部、親や先生なども含まれる。

権威に挑戦することをためらわないのだから、当然「ルール」に対する考え方も日本とは異なる。日本では、目的が不明なままでも「ルールだから」というだけで厳守されるルールも多いが、イスラエルでは考えにくい。

ジグマン氏は、「イスラエルでは家庭でもいつの間にか、子どもにも議論したり疑ったりするのは当たり前だという意識を植えつけている面があるかもしれない」として、こんな話をしてくれた。

「アメリカでは、病気でもないのに学校を休むのはルール違反とされているが、イスラエルでは『海外の親戚を訪ねるから』などの理由で親が平日に子どもに学校を休ませたりすることがよくある。そうした姿を見た子どもは『ルールは絶対ではない』ことを学んでしまう。イスラエルでは『白か黒か』ではなく、白と黒の間にさまざまな灰色がある」

「ダメ」は「絶対ダメ」ではない。挑戦してみればOKに変わるかもしれないからだ。

「ダメなものはダメ」というのでは、思考停止に陥ってしまう。「なぜダメなのか？」と問いかけ、議論するのがユダヤ人であり、もし、新しいアイデアを実行する上で既存のルールが足かせになるのであれば、撤廃してしまうことにも全く抵抗がない。

「自分の考えを貫け」という教え

不可能とされることに挑戦する場合は、一度で成功するとは限らない。何度も失敗するかもしれない、それでもチャレンジしようという姿勢を持つために必要なのは、自信と自己肯定感だ。

20年以上イスラエルで暮らし、イスラエル人の夫とともに現在31歳の息子と25歳の娘を育てた山森みか氏は、「イスラエル人は本当に子どもをよく褒める」と話す。

「親も先生も子どもをよく褒め、絶えず『あなたは特別』『あなたのような素晴らしい子どもはいない』というメッセージを伝える。また、『甘すぎるのではないか』と感じるほどに、子どもの好きなようにさせる。子ども時代に挫折を経験させないようにしているように見える。そのせいか、イスラエル人は非常に自己肯定感が強い人が多いように思う」

自分に自信があるからこそ、周りに反対されても自分を貫き通すし、多少失敗しても「いずれは成功するはず」と楽観的にとらえて何度もチャレンジできるのではないだろうか。

ユダヤ教の成人式「バル・ミツバ（男子13歳）／バト・ミツバ（女子12歳）」の習慣のなかでも、象徴的なやり取りが行われると山森氏は言う。「バル・ミツバやバト・ミツバでは、年長者が『これからは、あなたたちは自分の考えを持ちなさい。そして親や世間の人はもちろん、たとえ神がそれを〝間違っている〟と言ったとしても、自分の意見は貫き通さなくてはならない。人に何と言われようとも、絶対に変えてはいけない』というメッセージを何度も繰り返し送る」。

12、13歳の子どもに、日本の大人が言い聞かせるのは、これとは全く逆のことの方が多いのではないだろうか。「大人の言うことを聞きなさい」「ルールを守りなさい」であって、「大人の言うことなど聞かず、自分の意見を貫け」とはなかなか言わない。

『ヘブライ語聖書』の「ヨブ記」では、義人ヨブが自分にふりかかった苦難について、神に「なぜ正しい自分が罰せられなければならないのか」と問い続ける。ヨブの友人たちは、「神の裁きは正しいのだから、ヨブは自らの罪を認めるべきだ」と言って議論になるが、ヨブはあくまで「自分は正しい」との主張を曲げない。そして最後には、そのヨブの態度が神から評価される。

山森氏は、「(『ヘブライ語聖書』には)『質問をせよ』『自分を貫け』といった表現があるわけではない。しかし、こうした(『ヨブ記』などの)記述を根拠にして、質問を奨励し、自分を貫くことを尊重するといったユダヤ的な伝統が展開していったのではないか」と話している。

「正解」は常に1つではない

サバイバルのため「出る杭」を打たない

「自分を貫け」と教える文化では当然、「出る杭」は打たれない。それがユダヤ人の、イスラエルという国の生き残り戦略の一つなのではないかと山森氏は語る。「コストをかけて、全員の力を揃えて底上げするのではなく、『出る杭』の誰かがブレークスルーすれば生き残れるという考え方なのではないか」。

日本では、主流派とは異なる、異質な考えを持った人は疎外されるが、ユダヤ人は「出る杭」を残す。「そもそもイノベーションというのは、最初に語られ始めた時にはただの夢物語と言われるもの。周りに『失敗するに決まっている』と言われながらも、貫き通すような人が100人いれば、1人くらいは成功してイノベーションをもたらしてくれるかもしれない。イスラエルでは、こうした人たちを潰さないという社会的なコンセンサスがあるように感じる」(山森氏)。

一例として山森氏は、長女の改宗のエピソードを披露してくれた。ユダヤ教に改宗するためには、ユダヤ教について学ぶコースを取り、複数のラビ(ユダヤ教の指導者)による口頭試問に合格しなくてはならない。そこで山森氏の長女は、「ヨム・キプールはどのように過ごしたのか?」と聞かれたという。

ヨム・キプールは「大贖罪日」と訳されるユダヤ教で定められた重要な祭日で、24時間の断食を行い、家族と静かに過ごすことになっている。それに対して彼女は、「兵役の厳しい訓練の合間の休日だったので、外国にいるおじの家に遊びに行った」と正直に答えた。少なくとも、教科書的な模範回答ではないだろう。

試験官の3人のラビはこれについて、合格にすべきか不合格にすべきか、1時間半もの大激論を行った上、最終的に合格として長女の改宗を認めた。山森氏は驚いたが、長女は、「我々の民族には、あなたのような人物が必要だ」と言われたのだという。

改宗の試験のように、イスラエルでは正解・不正解がはっきりした試験は少なく、面接や口頭試問も多い。日本人が受験対策でやるような準備をして、優等生風の教科書通りの回答をしても落とされる。「合格・不合格の基準がブラックボックス化してしまうという欠点はあるが、正解・不正解が明確な試験だと、選ばれる人は画一化してしまう。同じ回答でも、『なぜその回答に至ったのか』という背景によっては、合格にも不合格にもなり得るが、そこで生まれる多様性を重視しているのではないか」と山森氏は見る。

なぜ日本で起業家が育ちにくいのか

スタートアップが成功する「確率」は非常に低く、数パーセント程度だともいわれる。しかしそのわずか一握りが、既存のビジネスモデルを変革するほどのイノベーションを起こす。確率が低いからといって、失敗を恐れて何もしなければ、もちろんイノベーションなど起こるべくもない。

イスラエルのスタートアップ関係者に、「日本で起業家が育たない理由は何だろうか？イスラエルにあって、日本にないものは何だろうか？」と聞くと、真っ先に挙がるのが

ロウィー・ベンベニシュティ氏

「失敗を許容する文化」だ。

イスラエルでは年間1000社近くのスタートアップが生まれるが、そのすべてが実力と運を伴って成功するわけではなく、廃業も多い多産多死の世界だ。失敗は起業家にとって汚点にはならない。

医療技術分野で20社以上を起業してきた、イスラエル人シリアルアントレプレナーのシモン・エックハウス博士は、「失敗は、成功するためのプロセスの一部にすぎない」と語る。イスラエルで、スタートアップと日本企業の連携支援を行うAniwo（以下、エイニオ）を起業した寺田彼日氏も「ここでは失敗は常識。起業した会社を結果的に潰すことも、全く意に介さない。何度もチャレンジし、失敗しないと成功はないという共通認識がある」

と指摘する。

イスラエル国防軍のエリート集団の一つ、サイバー諜報部隊「8200」で教官も務めたロウィー・ベンベニシュティ氏は、毎年若者が新しく配属されると、最初に「私はかなり寛容でオープンだが、一つだけ許さないことがある。失敗を恐れることだ。人間は失敗からしか学ぶことはできない」と宣言するという。

起業で失敗しても、受け皿は豊富にある。アイデア、先端技術、実現するためのチームさえあれば、資金も集められるし、過去の失敗経験もプラスに働く。「失敗したということは、それだけ学んだということ」（コアティゴのエラン・ジグマン氏）だからだ。イスラエルに拠点を持つ、多くのハイテクグローバル企業も、起業経験を持つ人材を喜んで採用する。失敗は、職務経歴書に箔をつけることになるのがイスラエルだ。

この、失敗に対する寛容さと自己肯定感の高さ、自分を貫き通すしつこさが、スタートアップ大国イスラエルを育んでいる。

教育システムとしての「兵役」

学力テストだけでは決まらない適性任務

スタートアップネーションとしてのイスラエルを語る上で、避けて通れないのが徴兵制だ。人口が少ないなか、周辺を敵国に囲まれて誕生したため、やむを得ず採用された徴兵制ではあるが、結果的に、若者に発想力や責任感、起業家精神を身につけさせる人材育成システムとしても機能している。

イスラエル国民は、ユダヤ教超正統派やイスラム教、キリスト教信者以外は、高校を卒業する18歳から、男子は3年、女子は約2年の兵役義務がある（ユダヤ教超正統派、イスラム教、キリスト教信者も志願は可能）。その後も男性は戦闘部隊であれば40代半ばまで、それ以外の場合は50代初めまで、一年に1カ月程度の予備役に召集される。女性は24歳もしくは結婚するまで予備役に就く。

入隊した若者は、一律に同じ任務に就くわけではない。兵役に就く前、まだ高校生の16歳ごろから、さまざまな筆記試験や面接などが繰り返され、それぞれが持つ資質に合った部隊に振り分けられる。心理テストや数学の能力を測るテストのほか、語学やプログラミングなどの専門技能、体力や身体能力も測る。リーダーシップや協調性、ストレス耐性なども見る。

希望はもちろん伝えて構わないが、必ずしも希望通りの部隊に入れるとは限らない。中には、祖父や父などが代々所属してきた部隊を希望する者もいれば、語学力やＩＴ系の技術を身につけられるサイバー諜報部門を希望する者もいる。

日本で「徴兵制」というと、どうしても戦前・戦中の旧日本軍を想起させ、非常にネガティブなものだととらえられる。しかしイスラエルの若者の多くにとって、兵役は「初めて親元を離れて暮らせる」楽しみなイベントである側面も強いようだ。

親や親戚などの周りの大人も、兵役時代を貴重な経験として語り、懐かしい仲間と顔を合わせることのできる予備役の召集を楽しみにする人も多い。もちろん、集団生活や厳しい訓練、「戦い」への抵抗感などから兵役を嫌がる若者や、イスラエルのパレスチナ占領政策に反対して兵役拒否をする若者もいるが、日本人が想像するよりもイスラエル人の国防軍に対する感情はポジティブだ。

18歳で抱える責任や重圧

日本の場合は、高校卒業まで大学入試をめがけて猛勉強するため、柔軟で吸収力の高い18歳からの4年間は、社会に出る前の準備期間ともいえる「モラトリアム」として、若者は遊んで過ごすことも多い。一方イスラエルでは、軍隊の訓練を通じて若者を「一人前」に育てる重要な育成期間と位置づけられている。

20年以上イスラエルで暮らす大学講師の山森みか氏は著書『「乳と蜜の流れる地」から——非日常の国イスラエルの日常生活』（新教出版社）の中で、「（イスラエルでは）通常18歳になった若者は家を離れ、実質的に独立する。とりわけ前線で任務に就く男性兵士は、自分ができることとできないことの見きわめや、負うべき責任の重さと直面せざるを得ないので、3年の徴兵期間の後には見違えるように成熟するという」と書いている。

兵役中は、ただ訓練をしているだけではない。イスラエルは最近でも、2006年にはレバノンに、2008年や2014年にはパレスチナ自治区のガザ地区に侵攻している。これらの大規模な攻撃以外にも、断続的に攻撃は行われており、いくら若くて経験が浅くても、兵役中はこうした作戦に参加する可能性があるのだ。前線に出れば、限られた情報を基に迅速に判断し、行動しなくてはならない。誰もが、日本ではありえないような生死のかかった責任や重圧を抱えることになる。

そして兵役を終えた若者の多くは、半年から1年程度、海外遊学の旅に出ることが多い。行先はさまざまで、中には日本を訪れる者もいる。兵役やその後の遊学で、自分の得手不得手ややりたいことを見極め、目的を持って21～23歳で大学に入る。

大学は一般的に3年間なので、20代の後半で就職や起業をすることになるが、タルピオットプログラムや戦闘機のパイロットなど、イスラエル国防軍の中でも精鋭のエリートの場合は、兵役の期間が長いので、就職や起業はもっと遅くなる。コアティゴのエラン・ジグマン氏の場合は、18歳から34歳まで国防軍でパイロットとして従軍し、その後で就職している。

従順な兵士は育てない

軍隊といえば、厳然としたヒエラルキーがあり、部下は上官の指示に従順に従う組織という印象を持つが、イスラエルの国防軍は、上官の指示に従順に従う兵士を育てることを目的としてはいない。上官の命令であっても、納得がいかない場合ははっきりとそれを伝え、代案を提案するといったことは当たり前の行為だ。

タルピオット出身で起業家のトメル・シュスマン氏

コアティゴのエラン・ジグマン氏は、パイロットとして従軍中、自分が率いていた部隊に、ある攻撃の命令が下ったが、「なぜ攻撃するのか、誰が指示したのかがわからず内容にも納得がいかなかったので、上官にその旨を質問した。それでも納得できず、その上官、その上官……とたどって軍のかなりの高官に行きつき、ようやく納得いく答えが出たので、作戦を実行した」と話す。

イスラエル国防軍で、毎年約50人しか選ばれない少数精鋭の育成プログラム「タルピオット」出身で、同プログラムの教官のチーフも務めたトメル・シュスマン氏も、「『黙って言われたことだけをやれ』という育成は絶対にしない。誰もが、疑問や不満があれば必ず言ってくるし、上官はそれを聞いたら、一緒に解決策を考えるのは当たり前」と話す。

シュスマン氏がタルピオットの教官のチーフだった時の冬、ある式典が屋外で行われることになったが、「コートは着ないように」という指示が出された。タルピオット生の一人が「寒いのでコートを許可すべきだ」と言ってきたのに対し、シュスマン氏は、「指示を出した上官のところに行って、そう話してくれればいい」と伝えたという。シュスマン氏は、「単なるわがままであったり、主張が行き過ぎている場合は止めるかもしれないが、思ったことを伝えて議論するのは悪いことではない」と話す。

タルピオットでの指示も、「これをやれ」といった「行動」を指示するものではなく、課題を与えるだけに留めていたという。

やり方はそれぞれが自分で考えて決める。もちろん、上官は部下の能力や資質に合わせた難易度の課題を与える必要があるため、手間はかかる。しかし、イスラエル国防軍では若手であっても、こうして常に自分の頭で考え、判断することが求められ、自主自立の精神、失敗を恐れず工夫して挑戦するメンタリティを身につけていく。軍隊が、起業家養成校の役割を果たしているといわれるゆえんだ。

若いうちの「責任」が大きな自信につながる

年齢に関係なくリーダーシップをとらせる

兵役は通常、男性は3年、女性は約2年だ。昨日まで高校生だった18歳を、過酷な戦場で「使える」兵士に育て上げるのに、決して十分な期間ではない。しかし、だからこそイスラエル国防軍では、若者にもどんどん責任を与え、年齢に関係なく、優秀な若者にはリーダーシップをとらせて成長させる。

サイバー諜報部隊「8200」出身のロウィー・ベンベニシュティ氏は、22歳の時、通常よりも2年以上早く昇進し、「これまで2人しか率いたことがなかったのに、突然600人を率いることになった。そこでの私の一番重要な役割は、昨日まで一般人であった18歳の若者を、3年かけて一人前の『大人』に育てることだった」と話す。

軍隊でチームを率いるのは、企業でチームを率いるのとは違った意味を持つ。自分の判断一つで、部下全員の命を危険にさらす可能性があるだけでなく、育成の責任も大きい。

人員に限りがあるので、すべての兵士がしっかり働かないと、部隊は回らない。しかし企業と違い、職務の怠慢などがあっても解雇することはできない。ベンベニシュティ氏は、「とにかく時間をかけて一人ひとりから話を聞き、彼・彼女のモチベーションにつながるものは何なのかを探るしかない。人によってそれは、仕事の任せ方だったり、休暇だったり、仕事の内容だったりとさまざまだからだ」と話す。

自主自立の精神、リーダーシップ、課題解決力、限られた情報をもとに迅速に判断し、行動する力。もちろん軍隊は起業家養成機関ではないが、兵役によって身につけたさまざまな力はどれも、起業家に求められる力に直結している。

兵役で触れる最先端技術

さらに、軍のテクノロジーと人的ネットワークも、起業する際の強力な武器になる。

イスラエルという国にとって、軍事は国の存続に関わる重要な要素だ。だからこそ、徴兵制により貴重な若い人材を投入する。そして、貴重な人材を投入するからこそ、自国の兵隊を殺さずして国を守るためにも、軍事技術の開発にリソースの投入を惜しまない。

特に理系分野に長けた若者は、兵役中に軍の先端技術に触れるだけでなく、その開発にも携わる。兵役後は、こうした人材がテクノロジーとともに軍から民へ流れていく。実際、イスラエルでは、兵役中に生まれた技術や発想を、起業して民間で商用化した例は枚挙にいとまがない。

例えば2001年に開発された世界初のカプセル型内視鏡「ピルカム」は、イスラエル国防軍のカメラつきミサイルの技術を応用したものだとされる。コンピューターネットワークのセキュリティを守る「ファイアウォール」を開発したチェック・ポイント・ソフトウェア・テクノロジーズを起業したのは、タルピオット出身のマリウス・ナハトと8200出身のギル・シュエッドだ。

イスラエルの若者は、兵役で最先端テクノロジーに触れ、起業家精神を育まれるとともに、起業に必要なネットワークも得ることになる。18歳から20代初めという多感な時期に、生死に直結するような厳しい経験を共にすることで、部隊の仲間と強い連帯感が生まれる。さらに、兵役後も続く予備役で、そこで生まれたネットワークは定期的に活性化される。こうしたネットワークが、起業する際に活かされる場面は多い。

特にタルピオットや8200、パイロットの出身者は、こうしたネットワークの仲間とともに起業することが多い。また、採用市場では出身大学よりも強力なブランドになっており、「タルピオット出身者」「8200出身者」「パイロット出身者」とわかれば、採用試験や面接なしで即採用、ということも多いという。

コアティゴのエラン・ジグマン氏は、「もっと多様性がほしいと思ってはいるが……」としながらも、現在の同社の社員は、同じパイロット出身者や、タルピオットや8200などの出身者、有名大学出身者が多いと明かす。8200出身のロウィー・ベンベニシュティ氏は、同じく8200出身の仲間に乞われて、肢体が不自由な人でもわずかな頭の動きだけでスマートフォンやパソコンを操作することができるアプリケーションを開発するスタートアップSesame Enable（以下、セサミ・エネイブル）に加わった。

スタートアップを取り巻くエコシステム

ユダヤ人であるという共通の文化や、兵役で培った強力なネットワークによって、イスラエルには非常に緊密な起業家のコミュニティができあがっている。こうしたコミュニティの周りには、起業家を輩出し、また失敗した起業家たちを受け入れる、グーグルやマイクロソフトなどの大手ハイテク企業や、さまざまな政策で起業を後押しする政府があり、最先端のテクノロジーや優秀な人材に魅力を感じて吸い寄せられ、外国企業や投資家が集まる。それが、イスラエルのハイテクスタートアップを取り巻くエコシステ

サイト・ダイアグノスティクスのサラ・レヴィ・シュライヤー氏

ム（生態系）だ。

「起業するのは初めてだったので、最初は起業経験のある友達3、4人に電話をして、相談するところから始めた。イスラエルは小さな国なので、コミュニティはとても親密。たとえ10年くらい全く音信不通にしていて、突然連絡を取っても気にする必要はない。助けを求めると、誰も『ノー』とは言わない」とコアティゴのエラン・ジグマン氏は語る。

「例えば今も、コアティゴのオフィスには、昔テキサス・インスツルメンツで一緒にワイヤレス通信の事業をやっていた仲間の一人がいて、フィンテックの分野で起業しようと準備をしている。コアティゴの社員ではないが、ここで自分の仕事をしたり、時々我々の仕事を手伝ってくれたりしている。こうして助け合うのは当たり前のことだ」

シリコンバレーの起業家は、アメリカ市場を見ながらビジネスを行うので、お互いが競争相手でもある。しかし、イスラエルは約９００万人と人口が少なく、国内市場をターゲットに起業することはほとんどない。「イスラエルの起業家同士は競争相手にはならないので、助け合えるのだと思う」とジグマン氏は話す。

社員の採用も、知り合いからの紹介が多い。血液検査技術のSight Diagnostics（以下、サイト・ダイアグノスティクス）のＣＴＯで、タルピオット出身のサラ・レヴィ・シュライヤー氏も、社員の多くは知り合いの紹介で採用しているという。

イスラエルで起業した寺田彼日氏は、「イスラエルで成功しているスタートアップの多くは、兄弟姉妹や家族、軍の同じ部隊出身者で起業しているということが多い。特に兵役中の仲間については、命がけの状況をともにかいくぐってきた仲間なので、ビジネスでも信用できると判断するのだろう。１００人程度の規模になるまでは、そうした信頼できる仲間からの紹介で人を増やしていくことが多い」と話す。

軍や大企業、スタートアップを回遊してキャリアを築く

イスラエルのエコシステムでは、大手ハイテクグローバル企業の果たす役割も大きい。それは、起業家の輩出元として、失敗した起業家の受け皿として、さらにスタートアップのイグジット先として、と、大きく3つある。

インテルやIBM、グーグル、アマゾン、フェイスブック、アップルなど、大手ハイテクグローバル企業のほとんどがイスラエルに拠点を持つ。そこで働いて資金を貯め、アイデアを思いついた人が起業する例は多い。さらに、起業がうまくいかず廃業した人が、こうした大手企業に就職して再び起業の準備をすることも珍しくないことは、先にも述べた。

IT系のエンジニアであれば、一般的に給与レベルは高く、年収1000万円超も珍しくない。そしてもちろん、起業経験、起業の失敗経験も、職務経歴書に箔をつける方向に働くのがイスラエルだ。こうして人材は、イスラエル国防軍、ハイテクグローバル企業、スタートアップの間を回遊しながら、スキルや経験を積んでいくことが多い。

大学などでも、さまざまなハイテク技術が生まれ、またスタートアップも誕生している。イスラエル工科大学（テクニオン）は、テクニオン・テクノロジー・トランスファ

ー（Ｔ３）という、ベンチャー企業設立支援や同大学で生まれる技術の商業化を図る部門を持っており、これまでに同大卒業生が起業したスタートアップの70社以上がアメリカのＮＡＳＤＡＱに上場を果たしているという。

また、２０１７年に、インテルが約１５３億ドル（約１兆７０００億円）という莫大な金額で買収して注目を集めた、自動運転技術開発の手掛けるモービルアイは、ヘブライ大学のアムノン・シャシュア教授らが設立したスタートアップだ。

循環しながら成長する「資金」

イスラエルのエコシステムでは、資金も循環しながら成長している。スタートアップが生まれても、市場規模の小さいイスラエルで成長するのは難しく、多くは一足飛びにグローバルを目指す。地元に拠点を持つグローバルハイテク企業がイグジット先になるのは自然な流れだ。過去10年間、毎年20社以上のグローバル企業がイスラエルに研究開発拠点を設置しているが、その多くはイスラエルのスタートアップを買収する形によるものだった。

イスラエルのスタートアップのグローバル展開支援を行うＮＰＯ「スタートアップネ

ーション・セントラル」のレポートによると、2018年は97社がイグジットを果たした。セールスフォースによる、AIマーケティングデータ分析会社デートラマ買収（8億5000万ドル規模）、オランダのフィリップスによる、心臓画像システム技術のEDPソリューションズ買収（2億9200万ドル）などがある。2018年のスタートアップ買収件数の49％が、アメリカの会社によるものだったという。

2018年のイグジット総額は、32億8000万ドルに上った。このうちの一部は税金として国の収入になり、教育や軍事技術開発、外国投資の優遇策や、起業支援への投資に回る。さらに、イグジットで得た資金を基に、起業家が投資家サイドに回ることもある。

国は現在、イノベーション庁を通じてスタートアップに対するさまざまな支援を行っているが、同庁で国際部門のトップを務める、バイス・プレジデントのアヴィ・ルブトン氏は次のように語る。「イノベーション庁の役割は、昔も今も『経済的なインパクトのあるイノベーションを奨励し、促進すること』。市場がうまく機能していないところがないか見極め、エコシステムが健全に成長できるような環境作りにフォーカスしている。介入しすぎたり、民間と競合したりするようなことがないようにしなくてはならない」。

つまり国は、規制を極力抑えてイスラエルのスタートアップたちが持つスピード感を活かし、エコシステムの中のほかのプレイヤーたちがスムーズに研究開発やビジネスに集中できるよう、環境を整える役割に徹しているのだ。

危機感から生まれる強い意志

ユダヤ教文化を背景としたクリエイティブな発想や粘り強さ、軍による若者の育成、人材やテクノロジー、資金を循環させながら成長を促すエコシステム、これらが建国70年あまりの若い国イスラエルを、イノベーションを生み続けるスタートアップネーションに押し上げてきた。しかし、だからといって、似たような条件が揃えば世界の注目を集めるほどにハイテクスタートアップが経済を牽引する国になれるわけではないだろう。

イスラエルの場合は、「スタートアップネーションであろう」とする強い意志が背景にある。人口規模も国土も小さく、天然資源にも恵まれず、周辺国との敵対関係や国内の民族問題を抱えるなかで、国の存続をかけて人材育成に力を入れ、ハイテクに焦点を当てて「スタートアップネーションとして世界に付加価値を提供する」ことを目指しているのだ。

ここからは、こうした危機感やサバイバルへの意志を象徴的に表している、軍のエリート養成プログラム「タルピオット」を通じて、イスラエル流人材育成を見ていきたい。

イスラエル国防軍「タルピオット」プログラム

最強の若者養成機関に見る、〝起業家育成〟の秘密

1人の天才に投資し、イノベーションを生む

テクノロジーのリーダーを育てよう

1973年、シリアとエジプトがイスラエルを攻撃し、ヨム・キプール（大贖罪日）戦争（第四次中東戦争）が勃発した。1948年の建国時から断続的に続いていたそれまでの戦争では、すべてイスラエルがアラブ側に勝利していたが、ヨム・キプール

戦争ではアラブ側の奇襲を許し、緒戦の3日間でイスラエル国防軍は大打撃を受けた。その後の反撃で最終的に勝利したものの、イスラエル側は20日間で約2700人が戦死、約7300人が負傷し、多くの戦車や戦闘機を失うことになった。不敗を誇っていたイスラエル国防軍の威信は大きく損なわれてしまった。

危機感を持ったヘブライ大学の2人の教授がイスラエル国防軍に進言して1979年に創設されたのが、「タルピオット」というテクノロジーリーダーの育成プログラムだ。

限られたリソースのなかで、迅速に成果を得るためにイスラエルが取った手法が、選び抜かれたエリートを集中的に磨き上げ、その中からイノベーションを起こすことだった。

不公平を嫌う日本では抵抗を持たれそうなやり方だが、イスラエルでは現実的な割り切りは一般的。毎年成績優秀な高校生約1万人の中から50人を選抜し、卒業後にイスラエル国防軍、ヘブライ大学、産業界が共同で「英才教育」を施す。

このプログラムは大きく実を結んでいる。高い成功率を誇るミサイル迎撃システム「アイアンドーム」、弾道弾迎撃ミサイル「アロー」、戦車用のロケット迎撃防護システム「メイル・ルアフ（トロフィー）」などは、タルピオット出身者が開発に関わったといわれている。このほかにもドローンや自動運転技術、サイバーセキュリティ技術など幅広い分野で、先進的な発明に貢献していると見られている。

なぜ多くの起業家を生み出すのか

さらにタルピオットは、多くの起業家を輩出している。例えば、ファイアウォールを生み出したサイバーセキュリティ大手、チェック・ポイント・ソフトウェア・テクノロジーズ創業者のマリウス・ナハト（Marius Nacht）氏。２０１５年にマイクロソフトに買収されたクラウドセキュリティ企業のアダロム（Adallom）を起業し、２０１９年12月までマイクロソフト・イスラエルＲ＆Ｄセンター部門長を務めていたアサフ・ラパポート（Assaf Rappaport）氏。

クラウドのソフトウェアを手掛けるストラトスケール（Stratoscale）を設立したアリエル・メスロス（Ariel Maislos）氏とイタイ・ゴーナー（Etay Gogner）氏、ライドシェアアプリのビア（Via）を創業したダニエル・ラモット（Daniel Ramot）氏とオレン・ショバル（Oren Shoval）氏などがいる。

タルピオットのプログラムは、もちろん起業家を輩出するために構成されたものではない。しかし、課題を見つけて解決法を生み出すクリエイティブ思考、現場の声に耳を傾ける顧客視点、協力して迅速に成果を上げるためのチームワーク、失敗を恐れず困難に挑戦する前向きさと粘り強さなど、起業家として成功する上で必須の資質を身につけるためのさまざまなヒントが隠されている。ここではその秘密を、タルピオット卒業生のトメル・シュスマン氏とともに見ていきたい。

約3年間の特殊トレーニング

シュスマン氏は2012年に31期生としてタルピオットを卒業、4年間物理学者として防衛省で従軍した後、2年間タルピオットのチーフ・インストラクター兼副司令官を務めた。2018年にはタルピオットの卒業生2人とともに、AIやセンサー技術を活用したヘルスケアスタートアップを起業している。

タルピオットの選抜プロセスは、高校生の早い段階から始まる。まず成績や健康状態などの一般的な試験が行われて約1万人が選ばれる。そして物理、数学、コンピューターサイエンスや歴史などの科目について、クリエイティビティを測る試験が行われて数百人に絞り込まれる。

次に3日間の合宿が行われ、グループに分けられてそれぞれにビジネスや数学、テクノロジーなどに関する課題が与えられる。その様子を基に絞り込まれた若者に、心理学者、タルピオットプログラムの教官らによる複数回の面接が行われて、最終的に50人が選ばれるのだ。学業の成績がトップであるだけでは選ばれない。リーダーシップ、チームワーク、創造性などが重視されている。

イスラエル国防軍にはほかにも、戦闘機パイロットやサイバー諜報部隊「8200」などのずば抜けて優秀な人材を集める部隊が存在し、ある意味優秀な人材の取り合いが起こっている。しかし選考についてはタルピオットが優先権を持っており、タルピオットの選考対象になっている間は、その若者にほかの部隊は声を掛けることはできないという。ただ、タルピオットは約3年間（40カ月）のトレーニングプログラムなので、タルピオット卒業後に8200などのさまざまな部隊で従軍することになる。

タルピオットに選ばれるのは非常に名誉あることだ。しかし、プログラムの内容などについて、兵役前の若者がそれほど詳しく知っているわけではない。血液検査技術のスタートアップ、サイト・ダイアグノスティクスCTOのサラ・レヴィ・シュライヤー氏は、「最初はタルピオットについてはよく知らず、特に関心はなかった。しかし、狭き門だし非常に名誉あることなので、声を掛けられたら『ノー』とは言いにくい雰囲気だった」と話す。

約4分の1が脱落するハードなプログラム

タルピオットプログラムの期間中は、全員がヘブライ大学近くにある基地で生活する。ネゲブ砂漠の行軍やパラシュート降下などのハードな軍事訓練を受けながら、ヘブライ大学の授業を受け、数学と物理の学位を取得する。3分の1ほどはこの2つに加え、コンピューターサイエンスの学位も取得するという。もちろん、夏休みなどは全くなく、大学が休みの間は終日軍事訓練などが行われる。

タルピオットのメンバーには、通常の学生の1・5倍もの単位が要求される上、並行して軍の訓練も受けなくてはならない。イスラエル軍の歴史や国家の安全保障についても学ぶほか、陸海空の現場で実際に戦車や戦闘機などに乗るなどしながらさまざまな部隊を回り、軍隊内の組織を超えたネットワークや課題解決能力を養う。

プログラムは非常に厳しく、約4分の1が途中でドロップアウトするという。タルピオットは過去40年間で、約1000人の卒業生を輩出。卒業生は「タルピオン」と呼ばれ、それぞれのスキルや適性、希望などに応じて、イスラエル国防軍のさまざまな部隊に配属される。そして最低6年間従軍し、タルピオットで磨き上げた力を現場で発揮することになる。

シュスマン氏によると、タルピオットのプログラムでは大学の授業、セミナー、軍事訓練、パーソナルトレーニングの4つが並行して行われる。

ヘブライ大学では、物理、数学、コンピューターサイエンスなどの授業を、ほかの大学生とともに受ける。

セミナーも、ヘブライ大学の構内で行われる。軍事史、安全保障などのほか、応用科学・テクノロジーに関するグループプロジェクトが行われる。

「例えば軍事史では、過去の戦争で諜報活動やテクノロジーがどのような役割を果たしたかを分析したりする。また、テクノロジーの活用が戦争をどのように変えたかも大きなテーマ。『いくら素晴らしいテクノロジーがあっても、うまく使わなければ全く意味をなさない』という点は、最初の1学期でしっかり教える」（シュスマン氏）

課題を解決するためのシステムを作る

グループプロジェクトでは、例えば4、5人のタルピオットメンバーのグループに対し、「戦場で負傷者が出た場合、静脈を見つけるのが非常に困難な場合がある。静脈を見つけるための仕組みを考えよ」といった課題が与えられる。これに対してメンバーたちは解決策を考え、実行できる仕組みを作らなくてはならない。

「メンバーは現場の状況を想像し、どのような仕組みならうまくいくかを考えて、与えられた予算と期間内に解決策を完成させる。例えばこの場合なら、赤外線カメラやプロジェクターを使い、血管の色を認識して静脈を検知するシステムを作るというのも一つの手だ。こうして、プロジェクトマネジメント、チームワーク、時間や予算の管理、クリエイティブ思考などを学んでいく」（シュスマン氏）

ほかにも、「自動運転のレーシングカーを作るにはどうしたらいいか」「自動で駐車できる車を作れ」「部屋までピザを配達してくれるドローンを作れ」などの課題が与えられていたという。

軍事訓練は、パラシュート部隊の落下傘降下訓練などのほか、戦車の操縦や火器の取り扱い、重装備での行軍訓練など、ほかの新人兵士と同様の訓練を受ける。さらに、陸軍、空軍、海軍などイスラエル国防軍のさまざまな組織・部隊を訪れてそれぞれ数日～数週間を過ごし、現場ではどのような課題があるのか、テクノロジーがどのように活用されているかなどを肌で吸収していく。

パーソナルトレーニングを重視しているのもタルピオットの特徴だ。ここが日本人には意外に感じられるのではないだろうか。

タルピオットメンバーは毎週、担当教官と面談を行う。「担当教官は丁寧に話を聞き、適切な質問を投げかけながら一人ひとりの強み、弱みを本人に洗い出させ、さらに目標を設定させる。それは『やるべきことを時間内に終え、徹夜しないようにしてしっかり睡眠を取る』などの、時間管理・健康管理のこともあるし、『クラスで積極的に発言する』『チームプレイヤーとしての力を強化する』といったことの場合もあるという。

「目標が設定されれば、それに対して具体的にどのような対策をするかも考え、以降の面談ではその進捗を確認しながら、一人ひとりに合ったトレーニングを進めていく。こうしたパーソナルトレーニングには、心理学者が関わることも多い」（シュスマン氏）。

タルピオットでは「起業家精神」を教えるわけではない。しかし、課題を見つけて実行可能な解決策を考え出す力、組織の中でも外でもイノベーションを生む力、現場の声に耳を傾ける顧客視点、協力し、迅速に成果を上げるチームワーク、失敗を恐れず困難に挑戦する前向きさ、粘り強く任務を遂行する精神力と時間管理能力、仲間意識やネットワークなどを身につけることを重視している。そして、これらはそのまま「起業家精神」に置き換えられる。シュスマン氏は「ここで身につけた力は、私自身が除隊後に起業した際に、非常に役立っている」と話す。

タルピオットで身につく7つの力

次に、タルピオットで身につけられる、起業家としても役立つ7つの力について、一つひとつ見ていこう。

1．課題を見つけ、解決法を生み出すクリエイティブ思考

課題の見つけ方を教えるのは簡単なことではない。真の課題を見つけることこそが解決法の一部となっていることも多い。タルピオットでは、プログラムすべてを、自分の力で課題を見つけるトレーニングとしてとらえている。

「例えば、1年目のメンバーの多くは、『プログラムがきつすぎる』『やることが多すぎる』などの不平や不満を表明する。その場合は、『本当にプログラムそのものに問題があるのか。もしそうであれば、どこに課題があるのかを明確にしよう』と、さらに考えることを促し、解決策も考えさせる」とシュスマン氏は話す。

2年目のセミナーで行われるプロジェクトも同様だ。先ほど挙げた「戦場で静脈を見つけるのが非常に困難」といったケースでは、真の課題を明確にしなくては、解決策は立てられない。

衛生兵が「課題だ」と考えているものが、実は真の課題ではないかもしれない。人

の話をうのみにするのではなく、多面的に調べたり話を聞いたり考えたりしながら、課題を見つけ出す。

3年目に行われる、イスラエル国防軍のさまざまな組織の訪問や現場の将校らとの交流も、目的は現場を知り、現場の課題を見つけ出すことにある。

さらにシュスマン氏は、「それぞれのメンバーに対し、自分が快適だと感じる『安全地帯』(comfort zone)から出るよう仕向ける」とも話す。「例えば、比較的集団の中でもよく発言し、言葉を駆使してチームを引っ張るタイプのリーダーシップを持つメンバーに対しては、逆に言葉を使わずしてチームを引っ張るようなリーダーになってみるよう目標設定をさせたりする」(シュスマン氏)

こうして、自分がやり慣れた方法から離れ、違和感を持つような環境に自分を置くことで、新しい視点に気づかせる。

「クリエイティブ思考」と軍隊組織は、一見相容れない印象を受ける。軍隊のような指揮系統のはっきりした組織の中では、どうしても「上官の指示は絶対であり、部下は言われた通りに行動するよう訓練されるのではないか」と想像するだろう。しかしシュスマン氏は「クリエイティブに考えることと、軍隊のヒエラルキーは全く矛盾しない」と言い切る。

上官は部下に命令するが、それは「〇〇を解決せよ」「〇〇を守れ」などの課題、テーマであり、具体的にどのような方法を取ってそれを実現するかは、部下に任されることが多いというのだ。「タルピオットでの教官の役割は、何をすべきかを手取り足取り教えることではなく、メンバーが課題を正しく見極め、解決方法を見つけるために組織インフラをどう活用すべきかをガイドし、サポートすることだ」と言う。

シュスマン氏がタルピオットの教官を務めていた時も、知識や答えを与えるのではなく、たくさんの質問をすることでメンバー本人に考えさせ、自分自身で答えを導き出すためのガイド役に徹していたという。

2. 組織の中でも外でもイノベーションを生む力

アイデアレベルで素晴らしいものを考え出したとしても、実行力を伴わなければイノベーションを生むことはできない。頭の中にあるアイデアを実現するためには、ヒト、モノ、カネなどのリソースが必要となるし、特にイスラエル国防軍のように大きな組織であれば、組織のダイナミズムも知る必要がある。

誰にどのような手順を踏んで提案すれば早く実現できるのか、リソースを調達するにはどうすればいいのか、そういった面を理解しなければ、組織の中でも外でもイノベーションを生むことはできない。高校を卒業したばかりでいきなりイスラエル国防軍のような大きな組織に放り込まれる若者にとって、早いタイミングでこうした視点を学び取ることは将来非常に役に立つ。

タルピオットのメンバーたちは、国防軍内のさまざまな部隊を訪れて現場の兵士たちと対話し、部隊の司令官、政府高官や企業のCEO、大学教授らともディスカッションを行う。組織のダイナミズムを学びながら、現場で課題を見つけ出す力をつけ、異なる視点で物事をとらえる訓練を行うという。

シュスマン氏は、「軍の機密にも関わるので、具体的な例を挙げて説明するのは難しい」としながらも、次のような事例を紹介してくれた。

ある時、タルピオットのメンバーを空軍のいくつかの部隊に連れて行ったところ、どの部隊でも必ず最初に将校から「機密情報を漏らさない」などさまざまなルールの説明があり、書類にサインを求められた。

ところが次にサイバーセキュリティの部門に連れて行ったところ、そうしたルールの説明や書類へのサインなどが全くなかった。「こうしたことも、組織文化の違いを学ぶ良い機会になる。単に戦車の操縦の仕方を学ぶだけでなく、それぞれの組織がどのように機能しているのかを学ぶことは非常に重要だ」とシュスマン氏は言う。

「タルピオットでは、10以上の組織を見せ、文化や機能の仕方が異なることを学ぶ。『なぜ空軍はあれほどルールに厳しかったのに、サイバーセキュリティ部門ではそうでなかったのだろうか』という疑問については、タルピオットメンバーの中でディスカッションさせた。導き出した答えは、『もし空軍の整備工がきちんとルールに則った仕事をしなければ、飛行機が不具合を起こして操縦士は死んでしまうだろう。このため空軍では、厳格にルールに従うことが求められる。一方サイバーセキュリティ部門では、もし兵士すべてが上官の言う通りの仕事しかしなければ、新しい情報を得たり新しいテクノロジーを開発したりすることなどできないだろう』というものだ。

こうして、同じイスラエル国防軍の組織であっても、与えられたミッションが違えば組織の文化や構成は大きく違うということを、肌で感じながら学んでいく」

タルピオットには複数の司令官・教官がつくが、上官同士の意見が合わない場合も、メンバーに隠すことなくオープンにしているという。シュスマン氏は、「意見の相違は、ケンカとは違う。チームや組織では健康的なことだ。意見の違いをいかに乗り越えて、より大きな目的のために協力し合うかが重要だ」と語る。

上官といえど、完璧なわけではない。タルピオットメンバーには、さまざまな司令官・教官の姿を見ることで、自分が理想とする上官の姿を描けるようになってほしいと考えているのだ。

3.現場の声に耳を傾ける「顧客視点」

徴兵制が支えるイスラエル国防軍において、「現場の声」とはすなわち、自分たちの仲間であり、家族や親戚の声でもある。幼なじみや学校の同級生が、どこかの部隊で従軍しているだろうし、親や親戚、近所の大人も、どこかで予備役に就いているかもしれない。

現場の課題を解決することは、こうした仲間や家族たちの命を守ることに直結する。現場の声に耳を傾けることの重要性は、軍の中では特別な意味を持つため、自然に「顧客視点」に基づいた課題の発見や解決策作りに励むことになる。

プログラムの中でももちろん、現場の声に耳を傾けることは重視されている。イスラエル国防軍内のさまざまな部隊を訪問し、現場で集めた情報の中から課題を探るという活動もその一端だ。そこで拾い上げた課題に対して解決策を見つけ、実行すれば、それは、現場の声から生まれたアイデアを現場に還元することになる。「顧客」の課題が解決され、メリットを享受することになる。

タルピオットではさらに、イスラエル国防軍の中で、高度な技術をもって開発されたものの、現場で使われなかった「失敗プロダクト」についても学ぶという。現場の声を適切に拾えていたのか、こうした声から正しく課題を読み取れていたのか、などを考え、プロダクトが失敗した理由についても学ぶという。

4. 協力し、迅速に成果を上げるチームワーク

チームワークは、タルピオットの選考段階から重視されている。選考過程にはグループワークもある。そしてタルピオットのプログラムすべてにわたり、チームワークを学ぶことに重きが置かれている。

シュスマン氏によると、タルピオットでは、①どんな分野についても速く学習できる、②学んだことを基に迅速に判断し、プロジェクトの方向性を決めることができる、③属するチームがその決定に納得して従うリーダーシップを持つ、という力を持った人材の育成に努めているという。

いずれも、チームワークがベースにある。②と③については、チームワークに関わる力であることは自明だが、実は①の「学び方」についてもチームワークが重要なのだという。

「タルピオットのメンバーは、短期間で幅広い分野について集中的に学ぶことが求め

られる。イノベーションを生むには、まず基本をしっかり理解していることがカギとなるためだ。イスラエル国防軍では、物理や数学、コンピューターサイエンスなどが、こうした『基本』ととらえられている。しかし3年間で物理、数学、コンピューターサイエンスの学位を取得するというのは、通常よりも非常に短い。それを可能にするためには、メンバー同士で協力し合うしかない。『速く学ぶ』ために、チームワークは不可欠だ」（シュスマン氏）

速く学ぶためには、個人での学びと、チームとしての学びを組み合わせる必要があるという。文献を読んだり、現場を見たり、人の話を聞くといった個人で得た学びを、グループプロジェクトで応用し、形にして実行する。グループプロジェクトの中では、自分が学んだことだけでなく、ほかのメンバーが学んだことも知ることができ、それらが合わさってまた新しいアイデアが生まれることもある。個人の学びとグループでの学びを組み合わせることで、より速く、効果的に学ぶことができるのだ。

5．失敗を恐れず困難に挑戦する前向きさ

イスラエルは、日本に比べれば格段に失敗に寛容だ。特にスタートアップを取り巻くエコシステムの中では、「失敗は成功に至るプロセスの一つにすぎない」「失敗した

ということは挑戦したということ。学びが得られたならばそれは評価になりこそすれ、マイナスにはなりえない」といった話をよく耳にする。それでも、高校まではおそらく、誰にも負けたことがないほど優秀だった若者が集まるタルピオットでは、「失敗に対する正しい態度を教えることは、重要な柱の一つ」（シュスマン氏）だと言う。

クリエイティブ思考に必要な、新しい視点で物事をとらえるためにも、自分が慣れ親しんだ「安全地帯」（comfort zone）から出ることは必要だが、失敗への対処の仕方、失敗する恐怖への向き合い方を学ぶ上でも、「タルピオットでは『安全地帯』から出るよう仕向けている」とシュスマン氏は話す。

例えば大学の授業ではわざと、とてもこなしきれないほどのレベルや量の課題を出すことがあるという。優秀な若者ほど、完璧でない課題を提出することには抵抗を持つ。しかし、戦場では必ずしも、答えを出すのに必要な情報や時間がふんだんにあるわけではない。それでも何とか答えを出さなくてはならない。「特にタルピオットはトレーニングプログラムなので、完璧でなくてもいいし、失敗してもかまわない。チャレンジし、うまくいかなかった場合にその失敗からどう学べばよいかを、この期間中に学んで身につけてほしい」とシュスマン氏は語る。

「タルピオットのメンバーは、完璧主義な人が多い。しかしタルピオットでは『完璧主義』を『失敗することができる能力』も含むと定義している。完璧にできなかったからといって、思考停止に陥るのではなく、『完璧にできなかったのはなぜだろう？ それを学び、次は完璧を目指そう』と、何度も挑戦できる、『健康的な完璧主義』であることが必要だ」とも話す。

「大学の課題やグループワークで思ったような成果が出なかった」「チームのほかのメンバーと意見がぶつかりうまくいかない」など、メンバーはそれぞれ、さまざまな挫折や失敗に直面する。それを、そのまま放置せず、定期的に行われる担当教官との個別面談で振り返りを行い、フィードバックを通じて、どうすれば良くなるかを考えて改善していく。非常に地道で細かいことだが、こうした振り返りを繰り返すことで、失敗を単なる失敗に留めず、改善や成功のステップに変えていくことができる。

そして、失敗を成功へのステップに変えられた経験は自信になり、困難なことにも挑戦する粘り強さを生む。タルピオットに流れる「不可能なことはない」という信念も、そこにつながっている。一見「不可能」に見えることも、疑ってみる。それは単に、誰も挑戦した人がいなかっただけかもしれないし、これまで挑戦した人が成功しなかっただけのことかもしれない。どんなに困難なことも、何度も挑戦し、失敗から学んで再度挑戦することを繰り返せば「可能」になる。

こうした「前向きさ」は、社会経験を長く積んだ年長者に新しく植えつけるのは難しいかもしれない。高校を卒業したばかりの18歳というタイミングでタルピオットが始まるのは、そうした理由もあるのだろう。

6.粘り強く任務を遂行する精神力と時間管理能力

「粘り強く任務を遂行する精神力」は、一つは前項の「失敗を恐れず困難に挑戦する前向きさ」から生まれている。失敗を恐れず困難に挑戦することができるからこそ、粘り強さが生まれるからだ。さらにこうした粘り強さは、「責任感」とも言い換えることができる。

タルピオットで培われる責任感は、一つは「自分たちが上げる成果は、イスラエル国防軍の現場に還元され、自分たちの仲間や家族、国のためになっている」という信念にも源がある。

タルピオットのメンバーには、日本企業であれば考えられないほどの責任が与えられる。イスラエル国防軍のさまざまな部署・部隊の機密情報に触れることができ、現場の兵士から司令官レベルまで、幅広い人と議論しながら、課題を見つけて解決策を作り上げる。「メンバーたちは確かに年が若いが、いくら若くても大人として扱えば、大人として行動するようになる」とシュスマン氏が話す通り、教官らも、困ったときにはサポートするが、基本的にすべて本人たちに任せ、自分たちに答えを探させる。こうして生まれた責任感が、粘り強く任務を遂行する精神力につながっている。

時間管理能力を身につけることも重視されている。

タルピオットではこれまでに経験したことがないほどの課題が与えられる。このため、特にプログラムの最初の頃は、決められた期限内で終わらせられなかったり、睡眠時間を削って徹夜で取り組むメンバーも出てくる。そうした場合は、毎週行われる担当教官との面談で、時間管理について話し合われる。「タルピオットでは、大学の授業や課題だけでなく、軍事訓練もあるため、体調の管理も非常に大切だ。睡眠や体力作りの時間を確保しながら、勉強や課題でも期限を守るためには、優先順位づけが欠かせない」とシュスマン氏は話す。

「『課題が多いから』といって、数週間に1度の決められた休暇を取らず、帰宅しないで基地に残ろうとしたメンバーがいた。それに気づいた教官は、『こうしたやり方をしていては続かない。休暇を取って頭を切り替えることが必要だ』と、帰宅を促した」という。こうした場合は、担当教官との面談で、一人ひとりに応じた時間管理のパーソナルトレーニングが行われる。1日や1週間のスケジュールを立て、その通りに実践できたかを毎週振り返り、次の週の改善策を立てることもあるという。

7. 仲間意識、ネットワーク

多感な若い時代（概ね18歳から21歳）に、こうした密度の濃い経験をともにすることで、同期のタルピオットメンバーの間には強い連帯感が生まれる。プログラム終了後の6年以上の従軍中には、それぞれ国防軍内の異なる組織に配属されるが、卒業生同士のつながりが大きな力になる。定期的に、昇進などのタイミングに合わせたパーソナルガイダンスやワークショップが行われるほか、同期のタルピオン（タルピオット卒業生）同士は連絡を取り合って、精神的なサポートはもちろん、困ったことがあったときにアイデアや情報を求め合うことが多いという。

タルピオットの教官としてプログラムに戻ることを希望する卒業生も多い。シュスマン氏は、卒業の4年後に教官のチーフとしてタルピオットに戻っているが、教官になるのも狭き門で、特に優秀な卒業生だけが教官になることができる。

同期だけでなく、タルピオン全体のネットワークも強い。直接面識がなくても、同じタルピオンであれば電話やメール1本で助け合えるほどだという。タルピオンの仲間同士で起業することも多く、シュスマン氏もタルピオンの仲間とともにスタートアップを起業している。

血液検査技術のスタートアップ、サイト・ダイアグノスティクスでCTOを務めるタルピオンのサラ・レヴィ・シュライヤー氏は、「タルピオットを通じて、非常に頭が良くて能力の高い人たちにたくさん出会い、そこで人を見る目を養うことができたと思う。それは、CTOとしての今の仕事にも活きていて、採用の時に役立っている」と話す。

「育てたい人材」を明確にイメージする

タルピオットのプログラムの中で行われている教育は、どれも目新しいものはない。お題目としては、日本の教育制度や企業の研修・育成プログラムなどでも掲げられてきたものばかりだ。しかし、これほど徹底して身につけさせてこられたかについては、疑問が残る。

タルピオットのおもしろさは、これだけ厳選された少人数を、大学や産業界が協力しながら軍隊の中でトレーニングするところにある。軍隊の教育といえば、最初にイメージするのは、「画一的で、従順な人材が生まれるのではないか」という危惧だが、タルピオットではその真逆を行く。自分で考えることを徹底的に求め、クリエイティブなアイデアを生み出す、多様な人材を輩出している。

イスラエルは徴兵制があるため、広く国民全体からエリートを選び抜き、教育を施すことができるという特殊要因はある。しかし、国が、「どんな力を身につけた人材を育てたいか」というビジョンを描き、試行錯誤をしながらもこうしたプログラムで実現しようとしている姿は、日本にも参考になるのではないだろうか。

Interview

タルピオット出身

気鋭の科学者、ロン・ミロ教授に聞く

タルピオットは、起業家だけでなく、多くの優秀な研究者も輩出している。その1人、ワイツマン科学研究所、植物環境科学部のロン・ミロ教授は、1993年から1996年にタルピオットに所属、その後、2000年から2年間、主任教官も務めている。ミロ教授に、タルピオットでの経験や現在の研究について聞いた。

――現在はどのような研究をしていますか？

現在は「システム生物学」の研究室を主宰しています。システム生物学では、生物学、コンピューターサイエンス、物理、工学、生物情報学などの幅広い分野を統合したアプローチによって、動的で複雑な生命現象をシステムとしてとらえます。実はこの分野は日本とも関係が深く、発展初期にその重要性を見出したのは理化学研究所（理研）です。

システム生物学はここ10年で注目を集めるようになった分野で、私のほかにもウリ・アロン教授（ワイツマン科学研究所）、ロイ・キショニ教授（イスラエル工科大学〈テクニオン〉）、アビグドル・エルダル教授（テルアビブ大学）、シャレブ・イツコヴィッツ教授（ワイツマン科学研究所）など、タルピオットの卒業生がたくさん研究に携わっています。

――タルピオットでは、特に生物学を重視しているわけではないと思いますが、なぜシステム生物学の研究に携わるようになったのでしょうか？

私がタルピオットにいた1993年から1996年当時、タルピオットでは、体系的にものごとをとらえる「システマティック思考」を重視していました。特に我々には、イスラエル国防軍がどのように機能しているかを体系的に理解することが求められていました。すべての部隊、すべての部門が、さまざまな場面でどのような役割を果たしているかを知ることが目的です。

イスラエル国防軍全体は、それぞれが動的に行動するパーツから構成される、1つの有機体と見ることができます。これは、非常にシステム生物学と似ています。システム生物学では、有機物で構成されるシステムについて、それぞれのパーツがどのように全体に影響を与えているかを理解しようとます。タルピオットでは生物学を学んでいたわけではありませんが、タルピオットに選ばれた人の多くは、独学で学ぶことに長けていました。このため、システマティック思考を応用してこの分野に入る人が多かったのでしょう。

――タルピオットについて初めて知ったのはいつ頃ですか?

私は子どもの頃から好奇心が旺盛で、特に科学に関心を持っていました。中学1年生の時、科学が好きな子どもが集まるクラブのようなところに入っていたのですが、そこで、クリエイティブ思考に関する講演があったのです。その中で、クリエイティブ思考を突き詰める場としてタルピオットの話が挙がりました。

その日から、将来タルピオットに入りたいと思うようになったのです。その少し後に、知り合いがタルピオットに入り、彼からさらにタルピオットについて聞くようになりました。

――タルピオットのプログラム中、良い成果を上げようというモチベーションはどこから生まれていましたか？

タルピオットのメンバーは、非常に高いレベルの成果を求められます。厳しい選考過程を経て選ばれたのですから、要求レベルの高さははっきりと私たちにも伝わります。プログラム終了後にはイスラエル国防軍のさまざまな部署に配属され、非常に重要な任務に就くのだとも言われました。こうした期待やプレッシャーは、良い成績を上げなくてはというモチベーションになります。

プログラム後に私たちがやることは、軍や国に大きな影響を与えることになります。

それは責任感にもつながりました。だからこそ、やるからには最高の成果を上げなくてはならないと考えるようになったのです。

――タルピオットで学んだことで、最も意義のあったことは何でしょうか？

人とのつながりです。プログラムを通じて、実に多くの人たちと知り合うことができました。つながりは同期だけでなく、前後の期の人たちも含まれます。長期間にわたって、とても優秀な人たちと学び合う経験をすることができました。このつながりは今でも、私たちを支えてくれています。

ロン・ミロ　Ron Milo

1996年、ヘブライ大学で物理と数学の学士号を取得、テルアビブ大学で電気工学の修士号（1999年）、ワイツマン科学研究所で生物学的物理学の博士号（2005年）を取得し、アメリカ・ハーバード大学医学大学院で創設されたシステム生物学に、初めての研究員として参加。2008年にイスラエルに戻り、ワイツマン科学研究所へ。2006年にはハーバード大学医学大学院のジョン・F・ケネディ賞を受賞したほか、2015年にはイスラエルの将来を担う優秀な若手科学者30人から成る「イスラエル・ヤング・アカデミー」に選出された。

イスラエルで注目される起業家たち

本書の執筆のため、2019年11月にイスラエルに渡航した。そこで出会った、本書に登場する起業家たちを、ここで一挙に紹介する。

エラン・ジグマン

ERAN ZIGMAN

産業用無線開発を手掛けるCoreTigo（コアティゴ）のCEO・創業者

エラン・ジグマン氏は、18歳から14年間をイスラエル国防軍空軍のパイロットとして過ごし、その後は長く、シリコンバレーやイスラエルの、テキサス・インスツルメンツで働いていた。2017年にコアティゴを起業したのは、テキサス・インスツルメンツでワイヤレス接続製品を扱っていた時に、顧客と接するなかで挙がった課題がきっかけだった。「当時、医療機器や航空関係など、障害が許されない分野の製造現場では、『信頼性が低い』として、ワイヤレス技術は使われていませんでした。それで『有線と同様の信頼性を持つワイヤレス技術がでないか』と考えて、テキサス・インスツルメンツやアップルでワイヤレス技術の研究をしている友人に相談したところ、可能であることがわかった。そこで2017年にコアティゴを起業しました」。

同社は、ドイツが提唱する、デジタルテクノロジーを活用して製造業の高度化を図る「インダストリー4・0」に焦点を当てた。インダストリー4・0は、製造現場のIoTとも関連性が高く、モノとモノをつなぐ無線接続技術は重要な役割を果たす。

コアティゴは、工場で使われるセンサーやアクチュエーター（操作器）をつなぐ通信規格「IO-Link」に参加。世界で初めて、有線のプロトコルをワイヤレスに広げて「無線IO-Link」を実現し、産業用の「切れない、遅れない無線」を開発した。

「テキサス・インスツルメンツにいた時は、300以上の顧客を抱えていたので、新しい技術を開発する場合は彼ら・彼女らに聞けばよかった。しかし、スタートアップで新しい技術を商品化しようとしても、まだこの時点では顧客はいないので先行きが全く見えません。我々が持っているような技術は、現場のニーズに合わせて顧客と一緒に開発する必要があります。最初は本当に大変でした」とジグマン氏は語る。

同社は2019年2月には、シリーズAラウンドでクアルコム・ベンチャーズやシエラ・ベンチャーなどによる1000万ドルの資金調達を実施。現在はドイツのシーメンスや同社の顧客とともに、商品化に向けた開発を進めているほか、フランス、アメリカ、ブラジルの企業とも開発を行っている。2019年3月には、日本の産業用機器メーカー、東朋テクノロジー（名古屋市）と協業契約を結んで開発を進めている。

サラ・レヴィ・シュライヤー

SARAH LEVY SCHREIER

AIを活用した血液検査機器スタートアップSight Diagnostics（サイト・ダイアグノスティクス）のCTO

サラ・レヴィ・シュライヤー氏は、イスラエル国防軍のエリート養成プログラム、タルピオットの出身だ。タルピオット卒業時には最優秀者として総代の役を果たし、その後10年間、国防軍のサイバーセキュリティ部隊や技術開発プロジェクトなどでリーダーを務めた。ワイツマン科学研究所で凝縮系物理学の修士号を取得し、オンラインマーケティングの企業に勤めた後、２０１４年にサイト・ダイアグノスティクスに転じた。

サイト・ダイアグノスティクスは、インテルに買収されて注目を集めたモービルアイ出身のコンピュータービジョンの専門家、ヨシ・ポラック氏が２０１１年に創業した。シュライヤー氏は、タルピオットでポラック氏と出会ったという。

「私は、彼がタルピオットに入った時の、最初の教官だったんです。そして14年後、突然電話があって『私の会社の研究開発部門を見てくれないか』と誘われたんです」とシュライヤー氏は振り返る。

ＣＢＣ（総血球数）検査は、健康状態をチェックするときに使われる一般的な血液検査だが、これまでの検査機器は非常に大型かつ高額で、専門家でないと操作やメンテナンスが難しいため、専門の大型検査ラボでないと扱うことが難しかった。しかし、サイト・ダイアグノスティクスが開発した血液検査機器「ＯＬＯ（オロ）」は、指先から取った2滴の血液を専用カートリッジに落としてセットすると、デジタル顕微鏡が自動的に１０００枚以上もの血液画像を撮影、高解像度のデジタル画像に変換する。そしてＡＩとコンピュータービジョンのアルゴリズムにより画像分析が行われ、検査結果が得られる。これら全てがものの数分で完了するのだ。「ＯＬＯは価格も手頃で、操作やメンテナンスが簡単。設置にも場所を取らないので、クリニックや薬局などに設置してその場で検査結果がわかるようになります」とシュライヤー氏は説明する。

ＯＬＯは２０１９年11月に、アメリカのＦＤＡ（食品医薬品局）から医療機器としての市販前認可を受けた。今後はアメリカのほか、欧州市場での商品化を進める予定だ。

シュライヤー氏は、10歳の娘、8歳と5歳の息子の母。「普段は夕方6時か7時には仕事を切り上げるし、週末は仕事をしません。ＣＥＯ（ポラック氏）にも6

人の子どもがいますが、彼とは入社した時から『クレイジーな働き方をするのはやめよう』と話していました」と語る。同社は週4日勤務の人もいれば、残業をしない人もいる。社員の40％以上は女性だ。

シュライヤー氏は、「私たちのコア・コンピタンスは『人』にあります。解決に時間のかかる、非常に難しい課題に取り組んでいるので、みんなには常にエネルギーとモチベーションを保っていてもらいたい。ベストな状態でいてもらうためには、バランスの取れた勤務時間が重要です」と話している。

ロウィー・ベンベニシュティ

ROWEE BERBERISHTY

アプリ開発スタートアップ Sesame Enable（セサミ・エネイブル）元CEO

ベンベニシュティ氏はアメリカ・ミシガン州で生まれ、15歳まではイスラエルとアメリカを行ったり来たりしながら育った。イスラエルで高校に通い、イスラエル国防軍ではサイバー諜報部隊「８２００」に加わった。入隊してまもなく士官学校に進み、その後、元いた８２００の教官になった。「サイバーや諜報分野に関心があったわけではなく、当初は、兵役の後はアメリカに留学しようと思っていました。しかし、そこに集まる『人』が素晴らしかった。非常に困難な課題に、とても優秀な人たちと協力して取り組むことは本当におもしろかった」。結局、10年近くを軍隊で過ごし、最終的には参謀長や戦略立案担当を務めて軍を離れた。

次の仕事は「何か世の中のためになること」「今までとは全く違うこと」をと考えていたところ、８２００時代の仲間に誘われて、セサミ・エネイブルに加わった。

セサミ・エネイブルは２０１３年に創業。世界初の、タッチレスで、頭のわずかな動きだけでスマートフォンが操作できるアプリ「オープン・セサミ」（「開けゴマ」の意）を開発・提供していた。このアプリがあればＡＬＳ（筋萎縮性側索硬化症）や脊髄損傷、多発性硬化症などによるまひにより、手でスマートフォンやタブレットを操作できない人も、特別な器具を追加することなくスマートフォンやタブレットを使いこなすことができるようになる。

同社は、前ニューヨーク市長のマイケル・ブルームバーグやベライゾンなどから補助金を受けたほか、一時はアメリカALS協会の支援を得てアメリカにオフィスを開設。複数の州では購入に補助が出るようになった。しかし、資金面などでの困難があり、2019年12月に会社をたたむことになった。

ベンベニシュティ氏は「資金の集め方、ターゲット市場の選択、マーケティングや広報の戦略など、今振り返ると違うやり方があったのではないかと思うが、非常に多くのことを学んだ。大変な経験だったが、この経験を通じて、以前の自分とは全く違う自分になったように思う」と振り返る。「会社はこのような結果になったが、『オープン・セサミ』には多くの人の人生を変える力があるのは確か。だから我々は、会社を閉めた後も『オープン・セサミ』を無料でダウンロードして使えるようにしました」。

今後についてベンベニシュティ氏は、「家族もいるので、今度はもう少し安定した仕事に就きたいですね。大きなチームの一員として、マネジャーの仕事がしたいと思っています。そして、また社会に価値をもたらす仕事ができれば」と話している。

寺田彼日
ARI TERADA

イノベーションプラットフォームを提供する、イスラエルのスタートアップ、Aniwo（エイニオ）の創業者でCEO

寺田氏は日本人として初めて、イスラエルでスタートアップを起業した。

日本人の仲間2人と、起業のためイスラエルに渡ったのは2014年7月。「海外では、中国や韓国のプレゼンスが上がっている一方、日本企業のプレゼンスは下がっています。ここ数十年、日本からは世界で知られるスタートアップが出ていないことにも、危機感があった。いずれ海外で起業したいと思っていました」と語る。

アメリカ・シリコンバレーにも関心があり、前職の時に仕事で何度か訪れたが、既に多くの日本人がいる成熟した市場で真っ向から勝負するのは厳しいと感じたという。一方で、「以前『Start-Up Nation』（邦訳『アップル、グーグル、マイクロソフトはなぜ、イスラエル企業を欲しがるのか？』）という本を読んで印象に残っていたイスラエルは、日本人がほとんどいません。何らかの差別化ができるのではないかと考えてイスラエルに来ました」と話す。

起業家準備ビザで来たものの、家を借りようにもイスラエル人の保証人がいないと借りられない。しばらくはAirbnbで借りた狭い部屋に3人で寝起きしながら起業の準備を進めた。

イスラエルでは何をするにも人のつながりが重要だ。最初は全く知り合いがいなかったが、日本人であるということに大きく助けられたという。「日本をテーマにしたミートアップイベントを定期的に開催していたら、最初は数人しか参加者がいなかったのが、最終的には、多い時には80人以上集まるようになった。そうしてコミュニティを作り、友達ができ、助けてくれる人もできて、ビジネスもできるようになってきました」。

それでも、事業を軌道に乗せるまでには3年かかった。会社が黒字化したのがその頃だ。

現在同社では、日本企業がイスラエルスタートアップに出資したり連携したりする際の、情報収集から戦略立案、デューデリジェンスなどの実行までをサポートしている。最近では２０１９年12月に、住友化学が、ＡＩを使ったにおい検知技術の開発を行うNanoScent（ナノセント）に出資した案件などをサポートしている。

TALPIOT

第4章

なぜ、日本企業に
イスラエルのスタートアップが
必要なのか

消えゆく日本のイノベーション

圧倒的に少ない日本発のユニコーン

世界は、国内政治の混乱や、自国中心主義と自由貿易とのせめぎ合いなどの波乱要素があって地域的な差はあるものの、全体としては成長を続けている。一方、日本経済は低成長が続き、企業の時価総額ランキングから見ても、30年前に上位に名を連ねていた日本企業はことごとく姿を消し、今はGAFAM（グーグル、アマゾン、フェイスブック、アップル、マイクロソフト）などのアメリカ企業とBAT（バイドゥ、アリババ、テンセント）などの中国企業などが上位を占める。

上位の企業に共通するのは、いずれもテクノロジーを基盤とし、絶え間ないイノベーションによって急速な成長を遂げていることだ。ITを駆使した企業が短期間で大きな力を持つ状況のなか、日本社会、そして日本企業のデジタル化はずっと遅れており、イノベーションは質、量ともに減少している。

世界のイノベーションの進展と比べると、以前は日本が世界をリードしていると考えられていた環境関連技術などでも相対的な地位は低下しており、リーダーの地位を維持しているロボット分野でさえ、中国の攻勢を受けている。

イノベーションを推進し、企業の、そして国の競争力を取り戻すには、自社で開発する、外の技術を買う、技術やイノベーションを持つ企業のM&Aを行う、自社の眠っている技術を外に開放して活用する、などの手段がある。いずれの手段についても日本企業が大きく成功しているとはいえない。スタートアップの推進はこれまで、日本政府も民間も注力するといってはいるが、実績から見ると日本発のユニコーンの数は圧倒的に少ない。

もはや待てない「内部から」の改革

一方、世界のリーダー企業(GAFAM・BATなど)は、自社の研究開発に膨大な投資をするだけでなく、先進的なサービスや技術、ビジネスモデルを持つスタートアップの可能性を見極め、早いうちから買収したり、技術を取り込んだりして、競争優位を維持・向上させている。これらの企業は、世界がすさまじいスピードで変化しており、不確定要素が多いなかで、いくら膨大な資産を持っていても、すべてを自社でまかなうやり方は通用しないばかりか、生き残ることさえ難しいと認識しているのだ。そしてこうした認識が、スタートアップの取り込みに拍車をかけている。

翻って日本を見ると、デジタル・トランスフォーメーション（DX）が流行になってはいるものの、日本企業の多くはデータ、仕事のやり方などいずれをとっても、世界のデジタル化の波からは周回遅れだ。予想以上に急速に進みつつある人口減少、緊急性が増している生産性向上など課題は山積するばかりだ。

外の世界が急速に変化・成長していると、日本で考える1年の遅れは、かつての5年分、10年分の差を生み出してしまう。自社で開発しようという自前主義を貫こうとしたり、内部からの改革を待ったりできる状態ではなく、技術を買う、買収する、自社の技術を外部で活かすなど、外部の力を借りてイノベーションを実現しないと、成長はもとより、生き残りも危うい。

だからこそ日本企業は、今イスラエルのスタートアップに目を向けるべきなのだ。協働を今始めれば、イスラエルの技術をただ獲得する（Take）だけでなく、日本企業が持つ資産などをイスラエルのスタートアップに提供する（Give）可能性も開かれ、win-winの関係が期待できる。

なぜシリコンバレーではなく、イスラエルとの協働が理想的なのか？

「これから伸びる」ところに先行投資せよ

スタートアップというと真っ先に思いつくのはシリコンバレーだろう。実際、多くの日本企業がシリコンバレーのスタートアップに働きかけたり、スタートアップのための拠点を置いたりしている。それなのになぜイスラエルのスタートアップに今働きかけるべきなのか。「シリコンバレーやボストンとの連携を強めた方がよいのではないか」という考えも成り立つだろう。

イスラエルは、世界経済フォーラムによる「国際競争力レポート　2019」の「起業家文化」において1位だった。しかしシリコンバレーに比べると、まだイノベーション・キャピタルとしての認知度は相対的に低い。また、紛争の続く中東に位置しており、イスラエルとアラブ諸国との緊張関係に不安を持つ企業人もいるだろう。

開拓の余地が大きいイスラエル

アメリカ企業は1970年代から、イスラエルに帰国するユダヤ系アメリカ人を継続して雇用し、イスラエルの優秀なハイテク人材を確保するために、イスラエルに研究開発センターを置いている。イスラエル（というよりユダヤ人）の技術力を信頼しているのだ。しかし、イスラエルのスタートアップが新しい技術やビジネスモデルを生み出し始めてからは、まだ日が浅い。長く世界のスタートアップの中心と考えられ、競争の激しいシリコンバレーに比べると、日本企業が進出し、開拓できる余地が大きい。

巨大なアメリカ市場（人口約3億2800万人）を背に、世界を変えることを目指すシリコンバレーのスタートアップと比べると、イスラエルは国内市場が小さい（人口約900万人）。縮小しているとはいえ人口1億2600万人を抱える日本市場や、背後にひかえる成長途上のアジア市場（ASEAN市場――6億5000万人、2・9兆ドル）を視野に入れた場合、イスラエルにとっても日本企業との連携は魅力的に映るだろう。

一方、シリコンバレーのスタートアップは、アメリカ市場をターゲットにスケールで勝負した後で上場（IPO）し、次のスタートアップを起業することが多く、日本企業を相手にするインセンティブには欠けている。特に日本市場はデジタル化が遅れており、高齢者市場くらいしか成長が見込めないなか、日本企業との協働は魅力的には映らないだろう。

ビジネスモデルよりもコア技術で勝負

イスラエルのスタートアップの多くは、テクノロジーの研究開発にフォーカスしており、事業化する前に外国企業と組んだり、会社を売却してエグジットしたりする。このため最初から海外市場を見据えて開発された技術が多い。外国の企業とパートナーシップを組んで、その国の市場に合わせて「一緒に商品やサービスを開発しよう」という姿勢を持っているのだ。

イスラエルスタートアップと日本企業の連携支援事業を行うミリオンステップス取締役兼COOの井口優太氏は、「イスラエルのスタートアップはビジネスモデルではなくコア技術で起業しているところが多く、我々がこれまでサポートしたケースも、まずは一緒に実証実験を行いながら、日本市場に合わせてカスタマイズしていくことがほとんど」と語る。

さらに、イスラエルの起業家はシリコンバレーに比べて年齢が高く、研究開発部門にいた技術者が多いと井口氏は言う。イスラエルでは高校卒業後に兵役を経験し、その後1年程度の海外遊学を経て大学に行くことが多いため、就職や起業は早くても20代後半となる。そしてタルピオットプログラムや戦闘機のパイロットなどの精鋭のエリートは兵役の期間が長いので、就職や起業はもっと遅くなる。

「ビジネスモデルによる起業は経験の浅い若者でも可能だが、コア技術による起業はある程度経験を積んでいないと難しい」(井口氏)という傾向もある。日本企業の側で、パートナーシップを組む上でやり取りすることになる、研究開発部門の技術者とも話が合いやすいと井口氏は指摘する。

なぜイスラエルに中国人が少ないのか

イスラエルに対して関心を持っているのは日本だけではない。

近年世界各地で積極的にインフラ投資を行い、また、企業買収などによって新技術を取り込み、さらに自国技術を世界に普及させようとしている中国はどうだろうか。

予想に反して、テルアビブでは、ドバイやアフリカなどで盛んに見かけるアジア人の姿を見ることが非常に少なかった。中東やアフリカ諸国のどこに行っても中国人が地域

中国企業によるイスラエルのハイテク分野への投資額

（単位：ドル）

	2014年	2015年	2016年
投資額	3億200万	4億6,700万	6億

中国企業によるイスラエル企業への投資事例

年	金額	イスラエル企業名	中国企業名
2014年	20億ドル	Tnuva	Bright Diary
2014年	300万ドル	Pixellot	Baidu
2014年	1千万ドル	Canaan Partners Israel	Lenovo
2015年	非公開	Visualead	Alibaba
2015年	500万ドル	Tonara	Baidu
2016年	500万ドル	Twiggle	Alibaba
2016年	44億ドル	Playtika	Alibaba
2016年	28億ドル	IDE	China Communication
2016年	20億ドル	Phoenix Holdings	Yango Group

日本貿易振興機構（ジェトロ）海外調査部中東アフリカ課テルアビブ事務所調べ
出典：在北京イスラエル大使館

のビジネスに深く関わっている姿を見るのと比べると対照的だ。

データを見ると、中国企業のイスラエルへの関心はかなり高いように思える。2018年に日本貿易振興機構（ジェトロ）のテルアビブ事務所がまとめた報告書によると、中国企業によるイスラエルのハイテク分野への投資額は大幅に増加している（2014年には3億2000万ドル、15年には4億6700万ドル、16年には6億ドルと推定）。

また、2018年現在のイスラエルの輸出額は、アメリカの約168億ドルに次いで、中国が約48億ドルで2位を占める。イスラエルと中国の経済関係は深い。

しかし、イスラエルのスタートアップ関係者の中では、「中国企業の評判はあまりよくない」という声も多い。中国企業は、先端技術を売りにしているイスラエルスタートアップの生命線である、知的財産権を侵害する問題を頻発しているからだ。

アメリカは、トランプ大統領が2018年にアメリカ大使館をエルサレムに移転し、国際社会の大多数には認められていないエルサレムを首都と認めるなど、親イスラエルの姿勢を強めている最大の同盟国だ。アメリカと中国の関係が、貿易だけでなくテクノロジー覇権争いの様相を見せて悪化していることもあり、中国企業との協業に二の足を踏むイスラエルスタートアップも増えているという。

日本がイスラエルと協働する４つの理由

「世界の時間軸」を取り戻す

こうしたなかで、なぜ今日本は、イスラエルのスタートアップに目を向けるべきなのか。イスラエルが持つ①時間への鋭い感覚、②日本が求めるテクノロジー、③日本企業への親近感そして、④成熟しつつあるスタートアップに着目して説明しよう。

①時間への鋭い感覚

イスラエル人は日本人に比べて、「時間」に対する感度が非常に高い。先進的な技術やアイデアで勝負しているイスラエルのスタートアップは、スピードが勝負の分かれ目になることを日々実感しているからだ。いくら優れた技術やアイデアでも、他社に先を越されれば、市場の中では価値がなくなってしまう。実際、イスラエルでは、多くのスタートアップが生まれているので、遅くなればなるほど、競合が生まれる可能性も高まる。スピードとタイミングにはシビアにならざるを得ない。また、のんびり技術開発をしていれば、資金が枯渇して事業化に至らない可能性もあるため、イスラエルのスタートアップは、時間というプレッシャーのなかでビジネスを行っている。

決まったプロセスで順序正しく進めることより、アイデアが出たらすぐ試してみて、ダメなら方向転換をするという、スピード優先のやり方を選ぶ。目の前に意外な提携相手が現れた場合も、順序にこだわらずにそのチャンスをつかむ。

イスラエルの起業家は、意思決定のスピードがスタートアップの成否を決めるものであることも認識している。正しい決定よりも早い決定、100パーセントに近づけることへ時間をかけるよりも、80パーセントの状態であっても一刻も早く市場に出すこと、それが市場での競争優位に結びつくからだ。情報が足りないからといって、情報が集まるのを待ってから意思決定をするのでは遅すぎる。とにかくまず意思決定して行動に移し、結果が予想通りでなければ軌道修正すればいい。日本企業の意思決定の遅さは、想像を超えて奇妙に映るようだ。

テクノロジー人材を確保せよ

②日本が求めるテクノロジーに強み

イスラエルでは、ヘルスケア関連などの標準化されたデジタルデータが、かなり整備されている。データの重要性が認識されており、収集が進んでいるのだ。

一方、日本には多くのデータがあるといわれているが、形式がバラバラで標準化が進んでいないため、例えばデジタル活用による恩恵が期待できるヘルスケア分野でも、実際に使えるデータは圧倒的に不足している。医療業界でコンセンサスが進んでいないことや、政治側のコミットメントが欠けていることも大きな理由だが、個人情報保護法や、ヨーロッパのEU一般データ保護規則（GDPR）なども壁になっている。また、世界的に問題になっている通り、標準化したデータがGAFAMに渡った場合、さらに市場の支配力を増してしまうのではという懸念もあり、データ整備がなかなか進んでいない。

しかし、日本のヘルスケア市場で、標準化されたデジタルデータが活用できれば、医療機関の効率的な受診を促すことができるほか、治療法の開発にも役立つだろう。ここにイスラエルのテクノロジーが加われば、データ活用は大きく進むはずだ。ビッグデータをAIによって分析することは、イスラエルが得意とするところだ。また、イスラエルが持つ高度なセンサー技術やコンピュータービジョン技術なども、デジタルヘルスの分野に親和性が高い。イスラエルのスタートアップの中には、高齢化が進む日本のヘルスケア市場に高い関心を持つ企業がたくさんある。

イスラエルのハイテクスタートアップと組むことで、こうした最先端のテクノロジーが得られるだけでなく、優秀なハイテク人材によって日本企業の人材も刺激を受けることができるだろう。

評価が高い日本の製造業

③日本企業への親近感

イスラエルのスタートアップの多くは、これまで欧米、中でも巨大なアメリカ市場を主なターゲットとしてきたが、最近では規模・成長率の大きなアジアにも目を向け始めている。特に、日本市場への参入や、日本のグローバル企業との提携への関心は高い。

イスラエル人起業家たちが、自分たちの強みだと考えているのは、先進的な技術やアイデアを生み出す力があるという点だ。一方、そうした技術やアイデアを事業化し、安定した品質で大量生産する仕組みを作り、世界中に広く流通させるためのネットワークを作るといったところは、苦手だと認識しているようだ。だからこそ多くのスタートアップは、早い段階で欧米企業とのM&Aによるイグジットを目指し、仕組み作りを外国企業に託す。

イスラエル起業家から見た日本の多国籍企業は、まさにそうした仕組み作りのノウハウのかたまりに映っている。ソニーやキヤノン、トヨタなどを生んだ日本の製造業を、高く評価しているのだ。先端テクノロジーの研究開発や起業を支援するイスラエル政府機関、イスラエルイノベーション庁で、日本・イスラエル間の協業促進を担当するエラ・ヘラー氏は、「イスラエルは、独創的な技術開発に長けている一方で、日本はそうした先端技術を発展させ、事業化することに長けている。両者が協働することで、大きなシナジーが生まれるはずだ」と話す。

こうして日本の製造業を高く評価してくれていることに加え、ビジネス文化も比較的なじみやすい。２０１８年にイスラエルにイノベーションファンドとイノベーションラボを作り、スタートアップ数社に投資もしている戦略経営コンサルタントの小川政信氏は、「日本人がイスラエルを訪問してもそれほど違和感を持つことはないだろう。日本人とイスラエル人は『波長』が合うようだ」と語る。

また、小川氏によるとイスラエル人は「非常に信用を重んじる」という。採用も、知り合いの紹介によるものが多く、「仲間が『信用できる』と言えば信用する、という傾向があるように思う。アメリカの、個人主義的な人間関係とはかなり違う」と語る。

イスラエルでスタートアップを経営する寺田彼日氏も「イスラエル企業側は、『日本企業は信頼を得るのに時間がかかるが、一度関係を築けば互いにメリットがある』ということを知っている人が多い」と言う。製造業向けのワイヤレス技術を開発するスタートアップ、コアティゴのCEOを務め、ドイツや日本企業との交渉経験を持つエラン・ジグマン氏も「ドイツや日本の企業は、時間はかかるが一度求められる水準をクリアして信用を得られれば、かなり自由に、長期的な関係を前提としてビジネスが進められるという印象を持っている」と話す。

イスラエルでは、日本の製造業に対する評価が高く、日本に好印象を持っている人が多いようだ。第二次世界大戦中に、日本政府の指示に反して「命のビザ」を発給し、数千人のユダヤ人の命を救ったとされる外交官の杉原千畝氏の名前を挙げる人も多く、イスラエル中部の町ネタニヤには、「杉原千畝通り」もある。最近は日本のアニメや漫画に関心を持つ人も増えており、新婚旅行先に日本を選ぶ人も多い。かなり前に世界を席巻した日本の製品などの評判がまだかなり強い好感を持ってとらえられている。

寺田氏は、「イスラエルでは人のつながりが重要なので、来たばかりで知り合いが全くいなかった最初の頃は大変だった。しかし、ソニーやキヤノンなど、日本製品の評価は高く、日本に関心を持つ人が多かったので助かった。日本人でなければ、イスラエルのスタートアップコミュニティに入り込むのはもっと大変だったかもしれない。先人に感謝している」と語る。

〝待てる〟スタートアップが増えてきた

④成熟しつつあるイスラエルスタートアップ

イスラエルのスタートアップ自体も、海外企業との協業経験を重ね、成功を目指すアプローチに変化が生まれてきている。

日本企業と提携したり、日本企業に技術や会社を売却したりすると、スタートアップ側は事業化へのノウハウ、販路が得られ、資金面でも安定するためスタートアップとしての地位が高まることは十分認識されている。

たとえそうだとしても、アーリーステージのスタートアップの場合は、意思決定の遅い日本企業と時間をかけて交渉するだけの忍耐力は、ほとんど持ち合わせていない。交渉している間に、資金が枯渇してしまったり、競合が新しい技術やアイデアで市場を席巻してしまったりするかもしれないからだ。しかし、イスラエルのスタートアップ環境は以前に比べて成熟してきており、時間がかかる日本企業の意思決定を待つ体力を持ったスタートアップも増えてきている。

グローバル展開支援を行うNPO、スタートアップ・ネーション・セントラルで、リサーチ&アナリシス部門のディレクターを務めるアヴィヴ・アルパー氏は、「日本市場に関心を持つスタートアップには、『まずほかの国の市場に進出して事業を拡大し、〝待つ〟体力ができてから日本企業と組んではどうか』とアドバイスすることもある」と話す。

スタートアップ・ネーション・セントラルがまとめ、同NPOと戦略的パートナーシップを結ぶアビームコンサルティングが翻訳、加筆したレポート「イスラエルのスタートアップエコシステムの最新動向――2018年」では、サイバーインテリジェンスサービスを提供するKELAグループの日本代表、ドロン・レヴィット氏の以下の言葉を掲載している。

「日本マーケットへの進出は、最初のビジネスを獲得するには、非常に我慢強い活動が必要です。一方、リファレンスになりうるケースを一個作ることができれば、ビジネスの軌道に乗りやすくなり、一定のバリューと頑張り甲斐があるマーケットには間違いありません。

ただし、日本には稟議というシステムの存在により、ビジネスのサイクルが1年以上になることが多く、他のマーケットより長くなる傾向が強い。KELAグループはある程度欧米市場のビジネスの基盤を固めてから、日本マーケットへの取り組みを始めたため、大きな問題ではありませんでした。しかし、比較的初期段階のイスラエルスタートアップにとって、この遅れは急増する運転資金の必要からすると、非常に大きな課題になるかもしれません」

「0→1」「1→10」の価値を探る

最高品質はどこまで必要なのか

イスラエルと日本のビジネス関係の書籍には、「イスラエルは0→1、日本は1→10を得意としているので、両者が組むことでwin-winの相互補完関係ができる」との指摘が非常に多く、イスラエルでも起業家や関係者の多くから、同様の期待を耳にした。

しかしこれについては、やや疑問がある。その理由は、日本企業の現在と将来の〝真の力〟に対して、過大評価と過小評価があるように感じられるからだ。

「イスラエルが、ゼロから全く新しいアイデアを生み出すことを得意としている」という点には、疑問の余地はない。ただ、イスラエルスタートアップが魅力を感じてくれている日本企業の「1→10」の力というのを日本企業は本当に持っているのだろうか？

「1→10」とは具体的に何を指しているのだろうか？ また、本当に日本企業は今でもその力を維持向上できているのだろうか？ 日本が、生まれたアイデアを事業化して仕組みを作り、大きく成長させる「1→10」が得意と思われているのは、実は過去の事業環境の中で与えられた、過大評価ではないだろうか？

「1→10」は、日本企業が製造や販売のプロセスで仕組みを作り、それによって事業を世界市場に展開したことを指すことが多い。具体的には、かつて海外で日本製品の代名詞となった「高品質」の製品を製造するプロセスを作り、その改善を続けたこと、また、世界中で販売する流通網を確立してきたことなどだ。

トヨタやソニーなどが代表例と思われるし、いずれも顧客に「最高の品質」を提供するための技術開発を続けてきたことに間違いはない。しかし、昔の日本企業が誇った「最高の品質」の定義は、顧客ニーズが多様化した今の時代の定義とは、大きく変化している。

高品質の定義は一律ではなく、一人ひとりが求める「最高の品質」は異なる。こうした多様性にうまく対応できる製品を提供できるかどうかが問われている時代に、作り手が考える「高品質」を追求していた過去の「1→10」は、マッチしなくなってきているのではないか。

またかつての「日本製品の最高品質」とは、「品質が揃っていること」が「品質の良さ」と表現されていたのではないだろうか。製造工程を緻密に調整し、プロセスを毎回寸分たがわず繰り返すことができる仕組み作りに長けていたというわけだ。ところが今は、センサー技術などのIoTが発達し、日本企業でなくても「均一の品質」は実現できる。日本企業が持っていた「1→10」の付加価値が、あやういものになってきているように感じられる。

アビームコンサルティングで、イスラエルを担当する坂口直樹氏は、少し異なる見方を示す。「イスラエルのスタートアップが『0→1』に強いのは間違いない。しかし、必ずしも『1→10』が弱いというわけではないと思う。イスラエルのスタートアップは、数の少ないアーリーアダプターをターゲットにしており、そこを目指して製品を尖らせている」と語る。

イスラエルのビジネスに詳しい、戦略経営コンサルタントの小川政信氏は、「イスラエル側は、日本がかつて持っていた『0→1』の力も評価している。だから日本への信頼が高いのだ。イスラエル人は、日本の寺社などの歴史的建造物なども『0→1』の成果として見ているように思う」と話す。

歴史的建造物にまでさかのぼらなくても、かつての日本企業は「0→1」「1→10」の両方で競争優位性を発揮していた。しかし、事業環境が大きく変化する中、日本企業はそのどちらでも、力を発揮できないでいるように見えてならない。

もし、イスラエルスタートアップの「0→1」の力を借りるとしても、かつてとは違って「0→1」の経験がない日本企業の現場の人たちが、果たして数あるイスラエルスタートアップの力を見極め、交渉を進めて連携を成立させて「1→10」につなげることができるのだろうか？　大きな疑問が残る。

「戦略の窓」が開いている時がチャンス

イスラエル側は今も、「日本企業は、イスラエルスタートアップが不得手な『1→10』に長けている」と考えており、自分たちに不足している製造技術や精度の高さなどに関心を持っている。

しかし、こうした「『均質な品質で大量に生産・販売が広げられる』という付加価値を伴った『1→10』ができる」というのは、過去の日本企業の強みに過ぎない。遅かれ早かれ、こうした〝幻想〟の賞味期限は切れてしまうだろう。イスラエルのスタートアップが、日本企業に関心を持ち、提携やライセンス供与、M&Aなどに結びつける「戦略の窓」が開いている期間は意外に短そうだ。

動きの速い昨今のグローバルビジネスのなかで、先延ばしにしている余裕はない。今こそ、イスラエルのスタートアップに目を向け、迅速に行動に移すべきだろう。

TALPIOT

第5章

イスラエルスタートアップと組むヒント

なぜイスラエルは注目されるのか

ここ数年で急激に高まったイスラエルへの関心

日本企業がイスラエルのスタートアップに本格的に目を向け始めてから、まだ10年に満たない。買収や協業の事例はそれほど多くなく、ましてや「成功事例」と呼べるほどに成果が挙がっている案件は少ない。

本章では、イスラエルへの日本企業の関心を、具体的な成果に結びつけるために何をすべきか、日本やイスラエルで取材を進める中で明らかになった、イスラエルのスタートアップと組む場合のDo's（やるべきこと）とDon'ts（やってはいけないこと）を紹介する。

第一番にすべきことは、自社が解決すべき課題・問題を明確にすることだ。さらに、その解決のためにテクノロジーを求めるのか、ビジネスモデルを求めるのか、人材を求めるのかなどについても、できるだけ考えておく。課題が解決されるとどんな成果が得られるのか、具体的なイメージを持つと良い。

一般的に日本企業は、どんな企業になりたいか、ビジョンを語れないことが多い。私がこれまで参加した取締役会では、「どんな事業にしたいのか」、と質問しても、事業担当の役員から何も答えが返ってこないことも多々あった。次のトップ候補者たちに、「この会社の社長になったと仮定して、どんな会社を作りたいのか」と聞いても、誰も答えようとしない。

一方、「イスラエルの起業家は、目の前の課題を解決したいという意識が、非常に強いモチベーションになっている」とエイニオの寺田氏が指摘する通り、現地で会った起業家は誰もが、ビジョンについて熱心に語っていた。

コアティゴのCEO、エラン・ジグマン氏は「イスラエルでは、ビジョンと適切なバックグラウンド、市場、他の企業に追随されない先端技術、それを実現できるチームが揃えば、起業して資金を集めることができる」と強調していた。

抽象的な言葉や流行語を組み合わせただけのビジョンではなく、自社に特有の（自社しかできない・自社らしい）ビジョンを持ち、どんな顧客セグメントにどんな価値を提供したいのか、そのための課題は何かが明確になっていなければ、どんなテクノロジーが必要か、どんなスタートアップと組むべきか、選択・判断をすることはできない。

敬遠される日本企業の訪問

「とりあえず行く」では成果は上がらない

情報が氾濫する現代では、闇雲に情報を集めるアプローチは以前より低コストでできるが、リターンは極めて低い。にもかかわらず「イスラエルでいろいろ起こっているようだから、とにかく情報を集めてこい」という会社の指示を受けて、イスラエルでテクノロジーを探そうとする担当者も多いと聞く。

行き先がイスラエルの場合に限ったことではないが、日本からの視察団の中には、まったく事前の準備をせず「とりあえず行けば何とかなるのでは」という発想で訪問する企業も多いようだ。

現地のスタートアップ関係者からは、「日本企業と会っても、まったく質問が出ないし、イスラエルのスタートアップに何を求めているか、説明できないことも多い」という声が聞かれた。しかしそれでは、具体的な案件には繋がらず、受け入れる側にしてみれば単なる「時間の無駄」になってしまう。

イスラエルにどんな資産や技術があるのか、そして、その中に、自社が抱える課題の解決につながりそうなものがあるか、自社が将来強化したい分野に関連しそうなものがあるか調べておく。

こうした「宿題」をやってから臨まないと、自社のニーズにマッチした、信頼できるスタートアップと「出会う」ことはできない。前もって情報を集め、あたりをつけて（仮説を持って）行くべきだろう。

先進的な電子政府システムで注目を集めるエストニアも、そうした物見遊山のような視察団が大挙して訪れたため、日本企業の訪問が敬遠され始めていると聞く。

イスラエル経済産業省でイスラエル投資推進局長を務めるジヴァ・イゲール氏も、「最近の、日本企業のイスラエルのスタートアップに対する高い関心は、イスラエルにとって、うれしいニュースだ。しかし、イスラエルでは毎年1000社以上のスタートアップが生まれており、手掛ける分野や得意とするテクノロジーも多岐にわたる。協業を成功させ、イノベーションを取り込むためには、日本側がもう少し自らのニーズを明確化し、何を求めているのかを表してくれるとよい」と話す。

単なる「視察ツアー」にしないために

2016年ごろからイスラエルのスタートアップに関わっている、アビームコンサルティングの坂口氏は「『よくわからないが、とりあえず行ってみる』というのは時間のムダ。我々は、イスラエルのスタートアップと組みたい日本企業とは、1カ月くらいをかけて、コラボレーションを通じてどんな提供価値を求め、どんな顧客セグメントを狙いたいのかを整理する。ある程度仮説を立てた上で現地に行けば、8〜9割は良いコラボレーション相手の候補が見つかって次のステップに進める」と話す。

イスラエルのスタートアップと日本企業の連携支援事業を行っているミリオンステップスの取締役兼COO井口氏も、「我々は、単なる視察ツアーはやらない。必ず事前にコンサルティングを行い、『自社が今、何に力を入れているのか。どんなイスラエルのスタートアップに会いたいのか。何を求めているのか』などを具体的に説明できるようにしてもらう。イスラエルのスタートアップの時間を無駄にするようなことがあれば、我々のブランドにも傷がついてしまうので」と言う。

ビジョンを明確に描くことができ、具体的にイスラエルスタートアップと何を目的に組みたいかがはっきりしているのならば、自社が持つ具体的な製品や技術を紹介し、グローバルな販売網や特定分野の生産技術などの自社の強みをアピールして、イスラエルのスタートアップに対して広く協働を求めるというやり方も可能だ。

イスラエル・イノベーション庁では、こうした外国企業とのコラボレーションをサポートしており、同庁のホームページには、外国企業によるイスラエルのスタートアップに向けた提案募集の告知が掲載されている。

この中には、新エネルギー・産業技術総合開発機構（NEDO）による、日本企業とイスラエルスタートアップの共同研究開発事業への助成事業募集の案内のほか、最近大規模なイノベーションハブをテルアビブに置いて話題になっているSOMPOホールディングスグループによる、高齢者の在宅支援に活用できる技術を持つスタートアップからの提案募集、テルモによる、生分解性金属技術に関する提案募集などが掲載されていた（いずれも募集は終了）。

また、現地でイスラエルのスタートアップと、新事業のアイデアを開発するイベント「ハッカソン」を実施するなどして成果を上げている例もある。

村田製作所は、センサー通信モジュールの活用をテーマにハッカソンを実施し、そこで優勝した「The Elegant Monkeys」と実証実験を経て協業、出資を行った。現在は、両者で開発したAIソリューションの事業化に向けて準備を進めている。

「チャンピオン」の存在はなぜ大切なのか

このような、イスラエルスタートアップと日本企業の商習慣や文化の違いによるハードルを超えるためのカギは、いわゆる「チャンピオン」の存在だ。

プロジェクトの成功を信じ、ねばり強く、強い熱意を持って推進しようとするチャンピオンが、双方──特に日本側──にいるかどうかが成否をわけるのだ。

チャンピオンの必要性は、イスラエルのスタートアップと日本企業の連携に関与した経験のあるイスラエル、日本双方の人たちから繰り返し指摘された。

特に日本の大企業とイスラエルのスタートアップという組み合わせを、成果に結びつけるためのチャンピオンには、どのような資質が必要だろうか。

まだ確立されていない、市場可能性も不確定な新しい技術を見極めるのは、そもそも非常に難しい。テキストを読んだり、セミナーに行ったりすれば、ある程度の知識や情報を得られるかもしれないが、技術のスタートアップの盛衰は激しいので、常に世界の状況を見極める目を養うことが必要だろう。

アメリカやイスラエルでは、数多くのスタートアップがイノベーションを生んでいるが、それは、生まれるスタートアップの数が多い、つまり分母が大きいからであって、決して「スタートアップ＝イノベーティブ」というわけではない。

スタートアップとは、そもそも不確定要素から成り立っているものなので、たくさんのスタートアップを実際に見て、自分なりの基準を身につけたり、自分自身で起業した経験を持つことが求められるのだ。「わからないものは判断できない」、と決めてかからず、何とか見極めるヒントを手に入れようと努力しなくてはならない。

アビームコンサルティングの坂口氏も「いいスタートアップを見つけるのは非常に大変で、目利きが難しい」と語る。

前述の通り、イスラエルのスタートアップ業界ではネットワークがモノを言うので、現地にネットワークを持ち、日本企業との縁を取り持った経験のあるインキュベーターやコンサルタントの力を上手に利用するのも一つの手だろう。

スピード感を持って交渉を進めるためには、ビジネスとテクノロジーの両方を理解することが求められる。と言っても、そもそもテクノロジーの知識を持ち、英語で交渉ができる人材が日本には少ないので、ビジネスがわかる人とテクノロジーがわかる人をチームにして、チャンピオンの役割を担ってもらうのもよいだろう。

問われるのは日本企業の〝本気度〟

「チャンピオン」の存在がプロジェクトの成否に関わる

チャンピオンには決定権を持たせないと、スピード感を持った対応はできない。質問をするだけ、話を聞くだけで、打ち合わせの場で判断や意思決定ができない「子どもの使い」のような担当者では、スタートアップ側も日本企業の「本気度」を疑うだろう。結局、交渉プロセス全体が遅延してそっぽを向かれてしまったり、意思決定の速い欧米企業に先を越されてしまう。

ここで力を持つのは、「このコラボレーションを何としても成功させる」という強い意志と「熱意」（パッション）だ。

ミリオンステップスの井口氏は、同社が関わった事例のうち、協業がうまくいっているケースの共通点について、「すべてのケースがユニークなので、なかなか〝これ〟という共通点を挙げるのは難しいが、実務レベルで熱意を持った人がカギになるのではないか」と語っているし、エイニオの寺田氏も「交渉には時間も手間もかかるので、上から言われて嫌々やっているようだと続かない。やはり現場の担当者の熱意は必要最低限の条件だろう」と述べている。

先方との交渉だけでなく、自社内で必要な情報やリソースを集め、手続きを踏んでいくには、「なぜこの提携が自社に必要なのか」をさまざまな関係者に、根気よく説明する必要がある。

仕事を成し遂げるのに必要な人材の条件として、「ウィル」（意志）と「スキル」の2つが挙げられることが多いが、技術の知識、契約に関する経験などのスキルだけではなく、最後は「何としてもプロジェクトを実現する」、というウィルが決め手になる。

第一ステップは「すぐやる」こと

イスラエルのスタートアップと日本企業が交渉を始めると、まず問題になるのがスピード感だ。

こうした交渉では、その場で回答できることはすぐに回答し、その場で回答できないことについては「いつまでに」「誰が」「どんな作業をして」回答するかを明らかにしておくことが基本だ。さらに、会合のあと、自社に戻って何をやったか、どこまで進んだかという進捗を丁寧に知らせることが不可欠になる。言葉や商習慣が異なる企業同士であれば、こうしたやりとりは特に大切だ。

それなのに、日本企業がスタートアップを訪問しても、その後連絡をしないままにしていることは多いようだ。

イスラエルのスタートアップは規模が小さく、「非常にフラットで、ヒエラルキーを嫌う」（戦略経営コンサルタントの小川政信氏）。一方、日本の大企業の多くは事業の範囲が広く、階層が多く、情報を集めるにも、組織内で結論を出すのにもより多くの人を巻き込まねばならず時間がかかる。イスラエルスタートアップから見ると、日本企業は欧米の大企業と比べてもすべてのプロセスが遅いと感じられるようだ。

ミリオンステップス取締役兼COOの井口優太氏は「日本企業は、自分たちが思っている以上に、先方からは『遅い』と思われている」と強調する。「決裁や膨大な書類作成など、イスラエルスタートアップにはなかなか理解できないプロセスがたくさんある。我々が間に入る場合は、なぜ時間がかかっているのか、現在どうなっているのかなどを、イスラエル側に丁寧に説明する。すると、相手も理解してくれることが多い」と語っている。

もちろん、できるだけ現場に権限を与え、プロセスのスピードアップを図ることは必要だが、それに加えて、「なぜ」保留するのか、社内の意思決定でどのようなプロセスが必要で、今、どのような段階にあるのか、今後の見通しはどうなのかなどを、丁寧に相手に伝える必要があるだろう。

交渉相手を値踏みするのはやめよう

日本企業は、交渉相手を値踏みして、相手企業と自社の上下関係を判断しようとする傾向がある。規模や知名度、歴史や伝統などが判断の基準として使われることが多い。イスラエルのスタートアップに対しても、同じように値踏みをしているのではないだろうか。イスラエルのスタートアップは、もちろん規模が小さく実績もない。日本の大企業から見ると、「単なる小さな会社」、すなわち、自社より格下と認識することがあるのではないか。

しかし、イスラエルのスタートアップは、規模や実績に関係なく、相手企業とは対等な立場で交渉する。

戦略経営コンサルタントの小川政信氏は、「イスラエル人は、過去の実績を現在の信用関係の〝てこ〟に利用しようとしない。つまり、過去に成功した人が過去の栄光だけで相手より上の立場に立つのではなく、あくまでも、現在その人の持つビジョンやアイデアの価値が重視される」と語っている。

アビームコンサルティングの坂口直樹氏も、「イスラエルのスタートアップは、グローバル企業とのコラボレーションに慣れている。『相手が大企業だから会う』ということは決してなく、自社にマッチするかしないかをしっかり見て判断している」と説明する。

交渉プロセスにおける日本企業のスピード感のなさの背景には、「我々は名のある大企業なのだから、多少返事をするのが遅くなっても、相手は待っていてくれるだろう」と高をくくっているところがあるのではないか。つまり規模やこれまでの歴史、市場での地位などから、相手を下に見ているところがあるように思われる。

ところが、魅力的な技術を持つイスラエルのスタートアップと組みたい外国企業はほかにもたくさんあり、競争にさらされているのは日本企業の方だ。このままでは、日本企業よりも、スピード感を持って意思決定を行うことのできる企業に先を越されてしまうだろう。

成功のカギは「日本流」を押しつけないこと

目標を達成するために「一緒」に協働する

日本企業とイスラエルのスタートアップのコラボレーションが成功し、事業化に至って成果を上げているケースは、まだそれほど多くない。ただ、うまくいっている例を見てみると、自社のやり方、「日本流」を相手に押しつけないことが共通点として挙がってきた。日本企業が持っていないものをイスラエルスタートアップに求めている以上は、いかにイスラエル側が持つ「良さ」を活かすかが、協業成功のカギとなりそうだ。

日本流をイスラエル側に求めた瞬間、コラボレーションで得られる果実は失われてしまうだろう。実際、日本企業の出資を受けたり買収されたりしたイスラエルスタートアップから、優秀な人材が大量に辞めていったという事例を現地でいくつか耳にした。特に組織の作り方、業務プロセスなどで日本企業のやり方を拙速に推し進めようとすると、人材も流出してしまう。

既存の事業を基準に考えない

スタートアップと組む場合は、買収後だけでなく、そもそもの相手先の探索段階から、できるだけ既存事業から独立させて、「これまでのやり方」とは分けて進めることが必要だろう。せっかく新規事業開発部門を社内に作っても、しっかりとした独立性が保たれていなければ、「社内では生まれ得ないようなイノベーティブな事業」を立ち上げるのは難しい。例えばスタートアップの技術ポテンシャルの判断を事業部にさせると、既存のバリューチェーンに組み込もうとするため、スタートアップの可能性を狭めてしまう。

イノベーティブな分野であればあるほど、成功の可能性を見通すのが難しく、組織のあちこちから懸念の声が上がる。組織が大きければそれだけ社内競合になる可能性のある既存事業も多いため、結局はイノベーティブな部分がそぎ落とされて、当初の斬新なアイデアからはかけ離れた新鮮味のない、「オープンイノベーション」とは名ばかりの事業に変わってしまう。

外部からイノベーションを取り込むことが目的なのであれば、できるだけ既存のやり方を押しつけず、権限を持たせて自由に動ける環境を整えるべきだろう。

ミリオンステップスの井口氏は、「日本企業に限らず、ヨーロッパやアメリカ企業も含めて、イスラエルスタートアップとの成功例をまねるといい」と話す。2017年にインテルが、自動運転技術開発のスタートアップ、モービルアイを買収したが、「インテルは、モービルアイを本体からしっかり独立させていてうまくいっていると聞く。また、2016年にソニーが買収したアルティアも、イスラエル人ばかりのチームに権限を持たせて独立組織として運営して成功しているらしい」と言う。

井口氏が挙げた半導体メーカー、アルティアの例は、日本企業にとって参考になりそうだ。アルティアの創業者の一人で、2017年まで同社の販売、マーケティング、ビジネス開発担当バイス・プレジデントを務めていたエラン・エシェッド氏は、「これは『一晩であっという間に買収された』という案件ではない。我々は買収以前に2年以上も協業しており、時間をかけて関係性を構築していた」と強調する。

もともとアルティアは、2008年ごろから日本のPHS通信サービス事業会社のウィルコム（後にソフトバンクグループが吸収）を大口顧客に持ち、大型の開発プロジェクトを行うなど、日本市場の知見を持っていた。「具体的な数字は言えないが、日本の通信事業者とこれほど大きなスケールの取引をしていたイスラエルの半導体事業者は、かなり珍しかったのではないか」とエシェッド氏は話す。

最初にソニーとアルティアが出合ったのは2014年ごろだった。当時ソニーは、低消費電力のＧＮＳＳ（全地球測位衛星システム）受信ＬＳＩを発売したばかり。ＧＮＳＳ受信ＬＳＩはＩｏＴデバイスに使われる。「ちょうど我々も、製品開発のためにＧＮＳＳ受信ＬＳＩが必要だった。そこで、ソニーが参入しようとしていたＩｏＴ市場で、半導体大手のクアルコムと競合できる製品を作ろうと、私がソニーに声を掛けた」（エシェッド氏）

共同開発は非常に大変だったが、「双方とも、協業することで競争優位性が得られると考えていた。彼らも私たちが必要だったし、私たちも彼らが必要だった。それで2年以上かけて、両者は非常に緊密なパートナーになっていった」。

買収が成立したのは２０１６年2月だ。当時のアルティア社員は約２２０人。当初はアルティアに権限を持たせて独立組織として運営されていたという。「両者のビジネス文化は大きく異なるので、正直言って大失敗する可能性もあったと思う。実際私たちの既存顧客は、昨日までは小さくて柔軟性があり、動きの速いスタートアップと取引をしていたのに、突然相手が保守的な大企業に変わってしまうのではと心配していた。しかしソニーの側は非常に賢いやり方を取り、スタートアップの良さを残そうとした。お互い、相手の良いところを取り入れたと言えるだろう」（エシェッド氏）。

その後、ソニーとのシナジーを活かすべく、徐々に販売や会計の統合や、プロセスの効率化なども進んだようだ。しかし、「買収後も社員の流出はほとんど起こらず、社員の定着率は非常に高いままだった。製品ポートフォリオが広がり、新製品も出て、顧客ベースも広がった。売り上げも拡大し、社員も350人くらいに増えたと聞いている。個人的には、ソニーのような会社をイスラエルに招き入れることができたことは、非常に誇りに思う」とエシェッド氏は話す。

生い立ちも経歴も文化も異なるイスラエルのスタートアップと、互いにメリットのある関係を構築するには、協業の方向性を描いたビジョン、熱意ある推進役となる「チャンピオン」、ビジネス習慣の違いを埋めるきめ細かいコミュニケーションとスピード感、相手企業が持つ文化や個性の尊重が必要だ。その上で、試行錯誤を繰り返し、手間を惜しまず粘り強く取り組む姿勢が求められる。

TALPIOT

第6章 イスラエルとの協働から日本を変える

イスラエルとの協働から得られるもの

オリンピック・パラリンピックをきっかけに、未来を変える

日本にとって2020年は大きな転換点になるはずだ。世界的イベントを成功させ、日本という存在を改めて世界に周知することで、ゆるやかではあるが堅実な成長路線を歩むことができるのか。それとも、一時的に世界の注目を集めるだけで、必要な改革がなされることなく衰退の道を歩む「過去の国」となるのか。

イスラエルへの日本の関心が高まり、日本に対する「戦略の窓」が開かれている今、イスラエルとの協働を、より大きな変革への契機として位置づけるべきだろう。世界とのつながりを深め、社会全体のトランスフォーメーションを進めなければ、日本の将来はない。

イスラエルが多くのハイテクスタートアップを世界に送り出し、注目を集めるようになったのはここ20年ほどのことだ。

日本も本気になってイノベーションや人材育成に力を入れれば、イスラエルのような

変身を遂げることができるはずだ。

「問題」は歓迎し、深掘りすべきもの

イスラエルの起業家たちと話していてまず感じるのは、問題意識の高さと、それを何とか解決しようとする責任感と当事者意識の強さだ。彼ら、彼女らにとって、問題とは「やっかいなもの」ではなく、「歓迎すべきもの」。イノベーションの種だ。

日本では、問題とは「やっかいごと」であり、ない方が良いものだ。このため、解決方法を考えずに見ないふりをしたり、先送りしたりということも多い。解決案が上がったとしても、少し試してみてダメならすぐにあきらめてしまう。

一方、イスラエルでは、「問題があることは素晴らしい」ととらえられる。問題があると「何とか解決しよう」「一つのやり方でダメでも違うやり方を試そう」という姿勢が強い。

解決策を探る作業は、問題を深掘りして本質を見つけようとする作業だ。何度も失敗しながら、粘り強く取り組む中から、新しいアイデアが生まれる。問題が存在するからこそ、そこからイノベーションが生まれるのだ。

こうした力は、まさに今の日本企業に必要なもので、イスラエルとの協働から学びとることができるはずだ。

「何か変」に敏感になろう

日本のビジネスパーソンは、組織の「空気を読む」「忖度する」ことが大事だと思い込んでいる人がとても多い。「これは何か違うのではないか」と感じることがあっても、『何か違う』と思う自分が間違っている」と、すぐに打ち消そうとしてしまう。せっかく問題の芽に気付きかけても、自分でそこにふたをしてしまうのだ。とてももったいないことだと思う。

私は、特に若者を対象にしたセミナーではよく「『何か変』という違和感を大事にしてほしい」と話している。そこから問題を掘り下げ、原因や解決策を考えるクセをつけてほしいのだ。

経済協力開発機構（ＯＥＣＤ）が２０１８年に実施した15歳の学習到達度調査（ＰＩＳＡ）を参照すると、基礎的な力の3分野のうち、日本は数学的リテラシーおよび科学的リテラシーで、世界トップレベルを維持している。

問題は、読解力のランキングが、前回調査の２０１５年の８位から、77カ国中の15位に急落したことだ。読解力は、「情報を探し出す」「理解する」「評価し、熟考する」という３つの力から構成されている。

日本の教育は、近年になって、より思考力を強化する方向に舵を切り始めてはいるが、まだまだ「問題を探す」「考える」場の提供が少なく、暗記中心の知識詰め込み型から脱却しきれていない。

企業の中でも同様で、相変わらず「問題とは与えられるもの。自分で探したり深掘りすべきものではない」「問題は、ない方がよいやっかいごと」と認識されているように感じることが多い。

しかし、問題が存在するからこそ、そこからイノベーションが生まれる。

イスラエルの起業家たちが持つ「問題を歓迎し、楽しんで深掘りして解決策を探す」という姿勢は、日本のビジネスパーソンには大きな刺激になるはずだ。ぜひ、積極的に問題を探す楽しさを知り、「何か変」という違和感を、正しく「問題」として認識する姿勢を持つようにしてほしい。

2018年の経済開発協力機構（OECD）の学習到達度調査（PISA）79カ国・地域の比較

	読解力	平均得点	数学的リテラシー	平均得点	科学的リテラシー	平均得点
1	北京・上海・江蘇・浙江	555	北京・上海・江蘇・浙江	591	北京・上海・江蘇・浙江	590
2	シンガポール	549	シンガポール	569	シンガポール	551
3	マカオ	525	マカオ	558	マカオ	544
4	香港	524	香港	551	エストニア	530
5	エストニア	523	台湾	531	日本	529
6	カナダ	520	日本	527	フィンランド	522
7	フィンランド	520	韓国	526	韓国	519
8	アイルランド	518	エストニア	523	カナダ	518
9	韓国	514	オランダ	519	香港	517
10	ポーランド	512	ポーランド	516	台湾	516
11	スウェーデン	506	スイス	515	ポーランド	511
12	ニュージーランド	506	カナダ	512	ニュージーランド	508
13	アメリカ	505	デンマーク	509	スロベニア	507
14	イギリス	504	スロベニア	509	イギリス	505
15	日本	504	ベルギー	508	オランダ	503
16	オーストラリア	503	フィンランド	507	ドイツ	503
17	台湾	503	スウェーデン	502	オーストラリア	503
18	デンマーク	501	イギリス	502	アメリカ	502
19	ノルウェー	499	ノルウェー	501	スウェーデン	499
20	ドイツ	498	ドイツ	500	ベルギー	499

※灰色（薄）の国・地域は非OECD加盟国・地域を表す。
※同得点でも順位が異なるのは、小数点以下の数値の差異による。
（出所）国立教育政策研究所「OECD 生徒の学習到達度調査2018年調査（PISA2018）」

日本を置きざりにして進む世界

「質問攻め」に耐えられるか？

第5章でも言及したが、イスラエル側がイスラエルを訪問する日本企業に期待するのは、具体的な問題を持って、その解決案を求めにくることだ。しかし、日本企業からはほとんど質問が挙がらず、イスラエル側では不満を通り越して不思議に感じてさえいる。私も、同様の疑問を感じている。対象が日本人の講演やセミナーでは、いくら質疑応答の時間をとっても全く手が挙がらないことが多い。

しかし、講演後に近付いてきて、個人的に質問をしてくる人はとても多いのだ。「質問は皆の役に立つから皆の前でしてほしい」と頼んでも、ほとんど改善されない。

聴衆に外国人が多い場合は、プレゼンテーションの途中でもどんどん質問が出るので、事前に予定していた講演の内容を変えて進めることがあるほどだ。質問の内容も、単に講演の内容を確認するだけではなく、「例えばあなたが○○大臣だったとしたらどうするか」「明日、業界団体のトップに会いにいくとしたら、何を要望するか」など、講演のテーマを発展させるようなおもしろくて具体的なものが多く、非常に考えさせられる。せっかくその場を共有したのだから、そこでのやりとりから何か新しい物を生み出そうという姿勢がありありと出ていて、アイデアの源泉になることも多い。

日本人は、質問を遠慮するところがあり、そのあまり、質問がなかなか思い浮かばないという人も多い。質問をすることは、「相手の説明がわかりにくかったことを表すので、相手に対して失礼ではないか」という心理が働くようだ。

しかし実際は、質問することでお互いの視点の違いを知ることができるし、思考が刺激されて内容が発展し、新しいものが生まれることが多い。

3章でも触れたとおり、イスラエル人は非常によく質問をする。こうしたイスラエル人の「質問好き」は、常識や前提条件を疑い、新しい発想での課題解決がイノベーションを生むことに繋がっている。

日本企業がイスラエルスタートアップと協働することになれば、日本企業も質問攻めにあうだろう。その質問攻めには、ぜひ耐えてほしい。質問されることで、これまで自らが縛られてきた常識や前提条件を見直すことができるし、新しいアイデアを生み出すきっかけも生まれるだろう。あわせて、イスラエルスタートアップから、イノベーションを生む質問の仕方を学び取ってほしい。

「自分の生き方は自分で決める」が世界の潮流

ビジョンを掲げる国と個人

イスラエルの取材中は、高い志を掲げる「ビジョン」に触れる機会が多かった。イスラエルの起業家が最初に語るのは、「自分たちの考えたアイデアやテクノロジーで世界をこのように変える」というビジョンだ。

シリコンバレーのスタートアップも、世界を変えることを目指しているが、「世界で最も大きな○○」「多くの人が使う××」など、スケールを中心に考えることが多い。巨額の資金を集め、多くの人を雇い、短期間で大企業を目指す。

一方、イスラエルのスタートアップは、スケールを語ることはあまりないように感じた。「お金を稼ぎたい」「自分が開発したユニークなテクノロジーを世に出したい」といった、個人の欲望に根差した望みだけでなく、「このテクノロジーで、こういった人たちの持つこんな問題を解決したい」と、かなり具体的なイメージと共にビジョンを語る起業家が多かった。

イスラエルでは、起業家などの個人だけでなく、国としてもビジョンを掲げてきた歴史がある。

イスラエルは、同じユダヤ人とはいえ、言葉も文化も異なる移民が集まってできている国だ。高い志を掲げ、多くの人の士気を鼓舞できるビジョンがないと、数々の困難に遭遇するなかで、国としての求心力が発揮・維持できない。「科学技術によるイノベーションによって国の未来を切り開く」というビジョンに向けて、政治・経済・社会全体が形作られてきた。

人材育成でも、そのビジョンに沿って、高校までにサイエンスや数学を徹底的に学ばせる。また、徴兵制を通じてハイテクに長けたエリートを選抜して教育する一方で、すべての若者を「社会で活躍する大人」に育て上げようとしている。

ビジョンが語れない日本人

日本では、個人も組織もビジョンが不在だ。自分はどんな人になりたいのか、どんな人生やキャリアを目指すのか、具体的なイメージがなく、「何をしたらいいかわからない」「何が好きかわからない」という悩みを訴える人が多い。

「あなたは誰で、何を目指し、どこへ向かっているのか」と、ビジョンについて聞かれることも少ないので、それについて考えることもない。親や先生の勧める「こういうキャリアや人生が良い」をそのまま受け入れ、そこから外れないようにしようとする人が後を絶たない。

資格を求めてスクールに通ったり、セミナーに参加したりと勉強熱心であっても、ビジョンや将来の自分のイメージがないままだと結局は「永遠の自分探し」をするはめに陥ってしまう。

また、自分は本当に成長できているのか、自分がどこで誰と競争しているのかという見当もつかない。

企業も同様だ。今やどの企業のホームページにもビジョンが掲げられているが、主語を変えればどの企業にも通用するような抽象的で当たり障りのない説明ばかりだ。具体的にどんな企業を目指すのか、それによってどのような社会課題を解決し、世界をどう変えるのかがイメージできておらず、その企業でしかできないことが表現されていない。

2015年に安倍総理がイスラエルを訪問した際、ネタニヤフ首相が、総理に同行したビジネスリーダーに、各社の目指すビジョンを聞いたところ、答えられなかった人がいたというエピソードは、日本企業の現状をよく表していると言えるだろう。

先が見えないからこそビジョンが必要

自社のビジョンをデザインするのは簡単なことではない。不確定要素の多い世界の動向を見極めながら、将来も通用する自社の強みを深く考える必要がある。さまざまな情報を集めて分析し、判断するには、かなりのエネルギーが必要だ。

希望的観測に基づいた夢物語ではなく、事実に基づいた説得力のある将来像を描くことが必要なので、自分を律する力も求められる。

ところが日本企業の多くは、目の前の作業に忙殺されていて、誰も深く考えることがなく、形式的にビジョンを語っているように見える。

答えがわからないまま走り出す必要がある時代だ。行動しながら考えることが不可欠だが、やみくもに行動しても、ビジョンがなければ迷走してしまう。

企業も個人も、「ありたい姿」を深く考え、ビジョンを描く。そしてそれをイメージして日々の活動を進めることが、一層必要になっている。

世界から「周回遅れ」の日本人

高速でプロトタイプを作ろう

イスラエルのスタートアップは動きが速い。

行動を起こすタイミングが成否を決めると考えていて、新しい技術やビジネスモデルのアイデアが生まれると、すぐにプロトタイプ（試作品）を作り、想定する顧客に見せて意見をもらう。

「技術が確立されるまで待とう」「市場調査をしてからにしよう」と先延ばしにはしない。いかに早く市場を抑えるか、多くの顧客を獲得するかが成功要件であることをよく知っている。

インタビューに登場したロウィー・ベンベニシュティ氏がCEOを務めていたセサミ・エネイブルは、創業時は世界をリードする技術を持っていたが、市場開拓に時間を費やしている間に、競争優位性を失ってしまった。特にハイテクのスタートアップにとっては、「判断を先延ばしにする」「行動開始を後回しにする」という姿勢は命取りになる。今やらないと、この後何が起こるかわからない。スピードやタイミングを第一に考え、すぐ行動に移すという姿勢が染みついている。

世界で主流の「アジャイル型」と日本の「ウォーターフォール型」

翻って日本を見ると、世界の変化のスピードが桁違いに増していること、先送りにすることで失った時間は取り戻せないことへの認識が非常に薄い。意思決定のスピードの遅さと先送りの両方により、多くの機会を損失していることに気づいていない。

「スピードよりも質」に価値が置かれた時代は過去のものであり、今では「質」は前提条件となっている。「スピードが価値」となり、さらに「スピードがないとスタートラインにすら立てない」時代だ。

研究開発でも、以前は実験やテストを繰り返して、最も可能性がありそうな技術を探求する時間が許されたが、デジタル化が進んだ現在は、変化があまりにも激しく、走り出す時点では何が正解かはわからない。とりあえず目の前の材料だけを基に走り出し、走りながら修正し、答えを探す必要がある。プロトタイプが重視されるのはこうした理由からだ。世界ではこうした「アジャイル（機敏・敏しょう）型」と言われる開発方法が主流になっていて、イスラエルのスタートアップもほとんどがこうしたやり方をとっている。

一方日本では、相変わらず「ウォーターフォール（滝）型」が一般的だ。最初に計画を立て、ゴールの姿を決めてから動き出す。しかしそれでは、できあがる頃にはすでに、最初に描いたゴールは陳腐化してしまう。また、計画通りに順を追って進めようとするので、一度走り出すと、途中で方向転換してゴールを修正しにくい。描いたゴールが間違っているのがわかっても、止められないことも多い。

PDCAにこだわりすぎない

また、日本企業はPDCAを重視するが、それも遅さの一因になっている。

今や「P」（計画）に時間をかけるより「DCA」（行動・評価・改善）をいかに早く回すかが成功のカギとなっているのに、日本ではまだまだ理解が薄い。最初の計画を立てるのに長い時間をかける一方、進捗確認の頻度は低いため、気がついた時は打つ手がないということになりがちだ。途中でうまくいかないことがわかっても、当初立てた計画に固執してしまう個人・企業も多い。

今必要なのは、最初に立てた目標・計画に対する進捗を常にフォローし、現時点でわかってきたこと、まだわからないものを峻別する力だ。まだわからないものについては、リアルタイムで状況を観察して、きめ細かく対応する。計画通りにいかない場合は、なぜ計画通りにいかないのか迅速に分析し、何とか対応できるのか、あきらめて計画を変更すべきかを素早く決めることだ。

今の日本企業は、決まった手順を守ろうとするPDCAよりも、何度もやってみては作りなおし、行ったり来たりを繰り返す「イテレーション」(反復、繰り返し)を意識した方がいいかもしれない。

「今すぐ」決め、「今すぐ」見直す

なかなか変化をおこせない日本企業がイスラエルのスタートアップと協働すると化学反応が起こって、変化のきっかけになるはずだ。少なくとも、「今の自分たちのやり方で良いのか」、を問い直すことになるのではないかと期待している。

ここ2年ほどの世界の変化を考えると、以前には考えられなかったことがたくさん起こっている。アメリカのトランプ大統領就任、イギリスのEU離脱などは、誰も予想していなかっただろう。

「もう少し情報が集まってから」、「周囲の様子を見ながら」決める余裕はない。自分の責任で今すぐ覚悟を決めるよりほかに手がないのだ。

ただ、一度決めたからといって、その決定に固執していてはいけない。ここでも「アジャイル」や「イテレーション」の考え方が重要だ。反応が予想と違っていたり、状況が変化したりしたら、すぐ決定自体を見直し、新しく決定することが必要だ。

イノベーションを担う人材を育てる

少数精鋭プログラムから学べること

イスラエルの人材育成は、日本に多くのヒントを与えてくれる。

特にタルピオットプログラムから学べることは多い。ただ、タルピオットのように、大学で受ける授業に加えて現場での問題解決などを集中して学び、実践する機会は、日本の大学の4年間ではなかなか得られない。

また、日本の大学はタルピオットのように少数ではないので、一人ひとりにメンターをつけてパーソナルトレーニングを行うことも、現状では難しいだろう。

ゼミの教官がそれに近い存在だが、かなり多くの学生を担当するし、教官自身も自分の研究活動があって忙しいため、現実的ではない。

教育制度のあり方、徴兵制の有無、大学教育の位置づけなどが大きく異なる日本に、タルピオットプログラムの「仕組み」はそのまま応用できない。ただ、ここからは、タルピオットの「エッセンス」を抽出し、日本でも実践可能な人材育成のアイデアをいくつか挙げていきたい。

イノベーションの芽を育てよう

闊達に意見が出せる場づくり

多様な経験や専門分野、考え方を持つ人たちが意見を持ち寄り、議論するからこそ、課題を発見することができ、イノベーションの芽となるアイデアも生まれる。簡単なことのようだが、実は日本企業のなかでは実行できていることが非常に少ない。

以前に比べて弱くなったとはいえ、日本の企業では、まだ厳然としたヒエラルキーが存在していて、「上司と部下」「年配者と若年者」の上下関係は、活発に意見を出し合うべき場でも影響してしまう。上司が口火を切らないと若手が意見を言いにくい雰囲気があったり、せっかく若手が意見を出しても、上司が「それは○○だから違うのではないか」と評価を下すと、そこからまったく意見が続かなくなったりする。上司や年長者が出した意見と異なる「異論」も、なかなか出しづらい。

こうした状況だと、意見が集まらないし、せっかく出てきた意見も、「多様性」からはかけ離れてしまう。

ここで参考にしたいのが、イスラエル人の持つ「議論好き」「上司や目上の人に対しても、臆せず質問したり意見を出したりする『フッパー』」だ。ヒエラルキーを取り払い、まずはできるだけ多様かつ多数の意見のプールができるよう促すべきだろう。

「違和感」「なぜか気になる」から課題を探る

課題の見つけ方については、前にも述べた通り「何か変」という違和感に敏感になることが第一歩だ。小グループで、各自が感じた「何か変」を持ち寄る。思いつかなければ、最近気になった出来事でもよいだろう。そして、なぜそれが気になったか、どんなところに違和感を持ったのかという背景を話してもらう。

20〜30人のグループであれば、参加者の発言をリスト化し、その中からどんな発見があるかを考えてみてもよい。最終的には、集まった違和感や出来事が、自分の業界や仕事にどう関係しているか、どんな影響を及ぼしているのか、今後どのようなインパクトをもたらすかを考える。こうした議論の中から、取り組むべき課題が浮かび上がってくるだろう。

多様で多数のアイデアを集める

課題が設定できたら、次は解決策の探索だ。解決するためのアイデアを、たくさん集めることが必要となる。アイデアはたくさんあればあるほど、とてつもない斬新なものが生まれ、そこが突破口になってイノベーションが生まれるからだ。

そのためには、桁違いの数のアイデアを要求するといいだろう。10や20ではなく、100個、1000個のアイデアを集める。そうなると、最初は呆然としていた人でも、何とかアイデアを出そうとする。とうてい実現不可能と思うようなものでもかまわない。数を出すうちに、不変と思い込んでいた前提条件や常識を超えた、斬新なアイデアが生まれてくる。

そのときは、アイデア出しの基本中の基本である「人のアイデアをネガティブに評価しない」というルールを厳守しよう。「それはコストがかかりすぎるのでは？」などと、人のアイデアを否定した瞬間、否定された本人だけでなく、他の人も委縮してアイデアを出せなくなる。否定したのが年配者、上司であればなおさらだ。

小グループでアイデア出しをする場合、ディスカッションリーダーとレポーターを決めておくとよいだろう。ディスカッションリーダーは、「リーダー」とは言うものの、グループの中で一番偉い人ではない。時間を区切るタイムキーパーと、進行役を担う。レポーターは、結果を報告する報告係を担う。

複数回、アイデア出しをする場合は持ち回りで担当し、なるべく多くの人がリーダーやレポーターの役目を担う機会を持つようにする。リーダーやレポーターの視点からアイデア出しの様子を見ることによって、違った視点で全体をとらえることができるからだ。

ほとんどのイノベーションは組み合わせなので、複数のアイデアを組み合わせて別のアイデアを作ったり、「もし〜?」という質問を投げかけて「当たり前と思われていること」の逆のことが起こったらどうするかを考えてみてもよいだろう。

アイデアがいくつかに絞り込まれたら、それぞれのアイデアを持つチームに短いプレゼンテーションをしてもらい、ほかのメンバーに投票してもらうと良いだろう。

私はよく、「PechaKucha(ペチャクチャ)」というフォーマットを活用している。これは、スピーカーが20枚のスライドを1枚当たり20秒で説明するプレゼンテーションの形式で、世界中で使われている。

世界経済フォーラムでこのやり方に初めて触れ、その後、NPOのコンセプトやビジネスプランの絞り込みでこの方法を活用した。テンポよくプレゼンテーションが進むし、発表する側にとっては、メッセージ、ストーリー、ビジュアルの構成を考えたり、表現したいコンセプトをわかりやすくアピールしたりする訓練になる。聴衆の側はアイデア選定に直接参加できるので、エンゲージメントを高めることができる。

聴衆に参加してもらうことは、多様な視点を取り込むためにも重要だ。特に、同じ組織の人だけで課題設定やアイデア出しをしていると、その組織特有の思い込みなどによって視点が偏ることも考えられる。

ある企業の研究開発部門で、外部の人も交えてアイデア出しを行い、その後で感想を聞いたところ、「いろいろアイデアは出たが、ほとんどが既に自分たちで出したことのあるアイデアだった」というコメントが返ってきた。しかし、それは本当に以前自分たちで出したアイデアと同じなのか。表面的な理解ではないか。その時、実行しようとしなかったのはなぜなのか。外部の人の新しい視点が入ったことによって、自分たちの「思い込み」に気付くことができる。

対立や仮の状況を設定し、意見を戦わせる

多数のアイデアを出すだけでなく、対立する見解を戦わせることもイノベーションを

生み出す源となる。イスラエルでは家庭や学校、企業、軍隊でさえも、親や先生、上司に対して異論をぶつけることは当たり前だ。日本では対立を避ける姿勢が強いため、「私はその意見に反対だ」という言い方をする人はなかなか見られない。

対立をソフトな形で実践するのに有効なのが、肯定側と否定側に分かれてある命題について議論する「ディベート」だ。私もこの方法をよく使っている。例えば外国人社員が多く、グローバルな事業展開をしている日本企業のメンバーに、「本社は日本に置くべき」という命題で自分の意見とは関係なく機械的に賛成派・反対派に分けてディベートしてもらう。ロジカルな考え方と主張の訓練になる。

ほかにも公認会計士のグループに「5年後公認会計士の仕事はAIに代替される」、あるいは人事担当に「5年後に人事の仕事はすべてアウトソーシングされ、なくなる」という命題でディベートしてもらったりしている。

以前私が教えていた慶應大学大学院のメディアデザイン研究科や、社会人向けのセミナーでも試したことがあるが、2つのチームがそれぞれ肯定・否定側の立論をした後、会場で見ている人にどちらかをサポートするコメントを次々に発表してもらい、最後に元の2チームがそのコメントも含めて主張を要約して発表するというやり方もある。ディベートの参加者だけでなく、聴衆にとっても自分の意見を論理的に表現するトレーニングになったのではないかと思う。

ディベートは、数年前までは日本でもロジカルな思考や表現のトレーニングとしてかなり活用されていたが、最近は減っているようで残念だ。自分の意見を述べ、相手に質問し、意見を戦わせる方法なので、良い方法だと思う。

「やめること」を探し、時間を確保しよう

課題を見つけ、たくさんの意見を出し合い議論することが、イノベーションの源となる新しいアイデアを考え出すには必要だが、実際は、「そもそもこうした活動にかける時間がない」という企業も多いだろう。目の前の仕事を回すことで手一杯で、「新しいこと」につながる活動に時間が割けない。多くの日本企業が今抱えている問題の根本は、ここにある。

そこで提案したいのが、「やめること」を探すことだ。

アイデア出しのテーマとして、「やめること」の案をたくさん集める。いくつかに絞り込んだあと、さらにそれぞれの案について「〇〇をやめたらどうなるか」を考えてみる。やめることで起きる不都合はどんなことがあるか。やめることのメリットと、不都合は、

どちらが大きいか。その不都合を解消するための代替案はないか。

すると、「やめられない」と思っていたのは実は思い込みで、なくても十分回る、起きる不都合は別の方法で解決できる、ということが見えてくる。

特に考えたいのは、会議の整理だ。報告を目的とした会議ならば、グループウェアの活用で代替できないか。どうしても必要な会議ならば、事前のアジェンダ設定や資料共有で、時間を半減できないか。参加人数を減らせないか。アイデアを持ち寄り議論する会議ならば、Web会議システムを使ってもっと効率よく時間設定ができないか。見直しの視点は数多い。

企業だけでなく、個人でも同様だ。私は毎年、年始には、「新しく始めること3つ、やめること3つ」を決めるようにしている。新しいことにチャレンジすることはもちろん必要だが、そのための時間を捻出するためにも、自分の行動を振り返って、やめることも3つ選ぶ。習慣になっていることも多いし、どれも必要に思えてしまうので、やめることを決める方が難しい。しかし、企業も個人も、成長し続けるためには、こうした見直しが不可欠だと考えている。

背景の違う人たちと協働する練習を積む

せっかく良いアイデアが挙がっても、そこから実践につなげられなければ「絵に描いた餅」になってしまう。特に若手については、できるだけ多くの実践の機会を持ってもらいたい。

そのうえで、参考になりそうな事例をご紹介する。

私は２０１０年から２０１８年まで、六本木アカデミーヒルズで、若いビジネスパーソンをターゲットに世界の課題を考える「グローバル・アジェンダ・ゼミナール」を主宰していた。２０１０年の最終課題は、各参加者が世界の課題を解決するアイデアを考える個人プロジェクトだった。

そこで参加者の１人は、「高齢者が子どもの世話をする」というアイデアを考えた。しかし、高齢者施設の関係者などに相談したところ、高齢者側からは「責任を持ちたくない。子どもの世話はしたくない」と言われて路線を変更したことがあった。

この参加者は、机上で仮説を立ててアイデアを考えたが、現場の声を聞いたところその仮説がうまく回らないことがわかり、仮説を立てなおしたわけだ。

高齢者などの、自分と背景が異なる人とコミュニケーションをすること、仮説を立て、間違っていたら仮説を立て直すことなど、これからの社会人には不可欠の力を強化するうえでの、良いトレーニングになったはずだ。

企業の中では、新しい事業の立ち上げに携わる機会が少なく、こうしたトレーニングを積むことが難しくなってきている。外部の研修組織や大学の力を借りるなどして、こうした機会を増やしていくことも重要ではないだろうか。

土壌ができあがっていない日本の起業事情

再起可能な環境作りが必須

ここ数年、日本でもスタートアップの推進が不可欠という議論が行われてきた。政府のさまざまなベンチャー推進政策が行われ、以前に比べれば支援は増えてきたが、日本ではまだ、スタートアップが生まれ育つ土壌ができあがっていない。

ベンチャーエンタープライズセンターが２０１９年に行った、設立5年以内のベンチャー企業を対象とした調査によると、日本で起業が少ない要因として一番多く挙がったのが、「失敗に対する自分自身の危惧（起業に失敗すると再チャレンジが難しい等）」（32・9％）だった。次に「学校教育（勇気ある行動への低い評価、課題を探し出す教育の欠如等）」（20・3％）、「世間の風潮（失敗すれば白い眼、成功しても尊敬される程度が低い等）」（14・3％）などと続いた。

そもそも、スタートアップの成功率は数パーセントといわれる。たくさんのチャレンジのなかから、ようやくひと握りのスタートアップが成功・成長する。自由に挑戦できる環境や、失敗しても再起可能な環境なしにはうまくいかない。

企業内でのイノベーションも、成功率が極めて低いのは同様だ。企業でビジネスプラン・コンテストをすると、成功率の低さが忘れ去られ、何とか成功例を出そうという意識が働いてしまう。

ファーストリテイリングの柳井正会長兼社長の著書『一勝九敗』（新潮社）にもあるように、起業は失敗することが前提だ。電球など、数々の画期的なものを発明した、発明家で起業家のトーマス・エジソンは、多数の失敗をしたことでも知られている。失敗するとエジソンは、「これでうまくいかないことが一つはわかった」と言ったそうだ。

新しいことを試すのだから、うまくいくかどうか、やってみないとわからない。ダメ

日本で起業が少ない最大の原因は

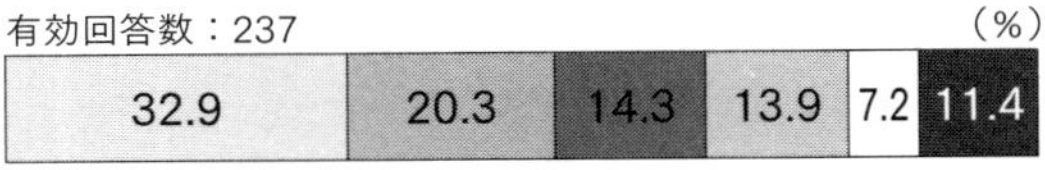

有効回答数：237　(%)

□ 失敗に対する自分自身の危惧
（起業に失敗すると再チャレンジが難しい等）
■ 学校教育
（勇気ある行動への低い評価、課題を探し出す教育の欠如等）
■ 世間の風潮
（失敗すれば白い眼、成功しても尊敬される程度が低い等）
■ 身近に起業家がいない（起業という道を知らない等）
□ 家庭教育
（安全・安定を求める親の思い、官庁・大企業への就職志向等）
■ その他

（出所）ベンチャーエンタープライズセンター「ベンチャー企業向け」アンケート調査

日本で起業が少ない最大の原因は（創業者年齢層別）

年齢層 有効回答数	10〜20代(37)	30代(92)	40代(67)	50代(25)	60代以上(16)
失敗に対する自分自身の危惧(起業に失敗すると再チャレンジが難しい等)	24.3%	30.4%	35.8%	48.0%	31.3%
学校教育(勇気ある行動への低い評価、課題を探し出す教育の欠如等)	29.7%	20.7%	16.4%	12.0%	25.0%
世間の風潮(失敗すれば白い眼、成功しても尊敬される程度が低い等)	10.8%	15.2%	14.9%	16.0%	12.5%
身近に起業家がいない(起業という道を知らない等)	16.2%	14.1%	11.9%	16.0%	12.5%
家庭教育(安全・安定を求める親の思い、官庁・大企業への就職志向等)	10.8%	5.4%	9.0%	4.0%	6.3%
その他	8.1%	14.1%	11.9%	4.0%	12.5%

（出所）ベンチャーエンタープライズセンター「ベンチャー企業向け」アンケート調査

でもともとなのだ。失敗から学び、次回は少なくとも同じ失敗はしないようにすればいい。

イスラエルのスタートアップ関係者たちも、起業環境について、イスラエルにあって日本にないものとして「失敗を許容する文化」を指摘していた。日本では、企業内でも社会全体でも、「起業するならば必ず成功しなくてはならない」というプレッシャーが強い。こうした文化、雰囲気を一掃し、失敗しても再起が可能な環境作りが不可欠だろう。

日本と対照的なイスラエル政府のスタートアップ推進政策

日本は、ベンチャー推進のための施策をいくつも打ち出してはいるが、政府が起業を阻害しているように見えるところもある。例えば、既存の業界ルールをディスラプトするような新しいビジネスが生まれると、既存ビジネスを守るために規制し、やめさせようとする。

そもそも、既存の枠組みにとらわれない斬新なアイデアこそが、スタートアップの良さの一つだ。それなのに、新しいビジネスモデルやサービスが生まれたときに、早い段階で規制してがんじがらめにしてしまう。そして結果的にその芽を潰してしまうのだ。

イノベーションを求めるのであれば、政府が「正解」を描くのは無理がある。既存企業や政府が描けない、クリエイティブな発想によるアイデアこそが、スタートアップが生み出す一番の果実なはずだ。正解像を作り上げてスタートアップをガイドしようとした瞬間に、クリエイティビティは失われてしまう。

戦後の日本では、政府が産業構造のあり方を考え、政策によって産業振興を推進しようとしてうまくいった。しかし、中心となっていた産業が製造業だった時代と、デジタルがグローバル経済を牽引している今とでは、時代が全く違う。戦後の産業政策と同じことをしようとしても、うまくはいかないだろう。

一方、イスラエルで印象的だったのは、スタートアップ振興を行う政府組織、イノベーション庁が、環境整備に徹し、民間をリードしようとはしていないところだった。日本の産業政策とは対照的で、スタートアップにはかなり自由に活動させる。たくさんのスタートアップのなかから、自然に淘汰されて、良いものが残るというのが基本的なあり方と考えているようだ。

当初は政府の投資によってベンチャーを後押しするスタートアップ推進政策だったが、2000年代以降は、産学主導に切り替え、インキュベーター、アクセラレーター、VCなど民間企業による資金やノウハウを提供する仕組みを奨励してきた。政府は高リスクの事業への資金、ノウハウの提供など状況に応じて、役割を変え、必要があるところだけサポートしている。

イスラエルでスタートアップを経営している寺田彼日氏が数年前、助成金の相談をしに政府機関のイノベーション庁に行った際、出てきた担当者は、自らも10年以上起業やビジネスをしていた経験がある人だったという。起業家と共通の経験や言語を持つ人が、政府の側でスタートアップ振興を行っているというのは、理想的な姿だろう。

ドイツの「インダストリー4・0」や世界経済フォーラムの提唱する第4次産業革命に対して、世界ではイノベーションやスタートアップを振興する政策を本格的に推進している。こうした動きに対抗して、日本のビジネス界も経団連を中心に、「ソサエティ5・0」を掲げ、イノベーションを軸とした経済の変革を目指している。

特に今は大企業がイノベーションを緊急の課題ととらえている。このため、スタートアップと大企業の連携促進を目的に、定期的に会合を開いているという。大企業側の参加者を、意思決定権を持つ執行役員以上に限っているところがユニークだ。

また、高齢化する日本でニーズの高い、デジタルヘルス分野のスタートアップを中心とした調査団をイスラエルに送るなど、これまで見られた「情報は集めるが成果に結びつかない」という問題を解決するための具体的な動きも始めているようだ。

目指す方向は正しいので、どこまで成果をあげられるか、今が正念場だ。

実践しないと、求められる力は伸びない

テクノロジーの発達や経済構造の変化により、今後はさらに、自分で考え、判断する能力と経験が求められるようになる。しかし、せっかくこうした力を身に着けても、実践する場がなければ宝の持ち腐れになり、力は衰えてしまう。身に着けた力をさらに伸ばし、その人が持つポテンシャルを活かすためには、さまざまな課題に取り組むことができる環境が必要だ。タルピオットプログラムの章でも「課題を見つけて迅速に解決策を探し出す力」については紹介しているが、こうした力は、実践によってしか伸ばすことはできないからだ。

第3章で述べたイスラエル社会の「納得できなければ、受け入れない」「徹底して議論する文化」は、見方を変えれば、小さな課題を見つけては解決していくというトレーニングを、日常の中でも積み重ねていることを表していると言える。課題解決のプロセスには、波紋や摩擦がつきものだが、イスラエルは日本と違って、そうした「なみかぜ」を忌むべきものとはとらえず、むしろ歓迎すべきものと受け止めているようだ。

課題解決を実践するプログラム

こうしたことを考えると、やはりイスラエルで実感したスタートアップの勢いの背景には、課題解決を実践する機会の多さ、多彩さがあるように思われる。これまでの私の経験を振り返ってみても、やはり日本の社会には、こうした実践の機会がまだまだ足りないと感じる。こうしている間にも、世界はどんどん変化している。できるだけ早く、こうした実践機会を増やすための取り組みに着手すべきだろう。

では、具体的にどうすればいいのか。情報はどこでも手に入るようになってきているので、やはり直接イスラエルの人たちと接し、協働することで、彼ら・彼女らが持つエネルギーや課題に取り組む姿勢を学びとることが一番の近道だと思うに至った。

ここからの私の提案は、複数のプログラムをイスラエルと日本で、同時に進めるというものだ。

特定の業界から企業を数社募り、それぞれ10名程度のメンバーを数カ月間イスラエルに送り込む。そして各企業の課題を解決するためのテクノロジー、スタートアップ、人材などを探し出し、交渉して何らかの提携、協働に結び付けることを目指す集中プログラムはどうだろうか。同じ業界内であればチーム間で競争が起こるため、良い緊張感が生まれてアウトプットの質も上がるだろう。

一方、日本で行うプログラムでは、幅広く企業を募って参加者を集め、ディベートや小グループでのディスカッション、課題の発見から解決策を立案・実行するプロジェクトなどを行ってスキルを磨く。そのなかから、イスラエルでの集中プログラムに参加するメンバーを選抜してもよいだろう。

すぐに行動し、やり抜く

2020年を新しい日本への変革のきっかけにするためには、「企業」と「人材」が鍵となる。この2つを変えていく上で、ここまで説明してきたイスラエル社会からの学びは、大きなヒントになるはずだ。

まずは、企業のメンバーがある期間イスラエルに滞在し、スタートアップを探し、実際に提携するプロジェクトに結びつけるのが企業の変革への近道だろう。

国レベルで考えると、高校生同士の交流もよいかもしれない。世界では、アメリカの銃規制、ヨーロッパの気候変動対策など、世の中を動かすプロジェクトで高校生が活躍していることが多い。イスラエルと日本の高校生が交流する機会を持つことができれば、大きな刺激になるだろう。

私たち一人ひとりに必要なのは、自分のアイデアに誇りを持ち、習得したツールを駆使して、次々それを実験し、ひとつでも良いので、やり抜くことだ。「イスラエルはすごい」と評論家のようにいっているだけではなく、自ら共同チームの一員となって、明日から行動することなのだ。

おわりに

本書では、イスラエルのイノベーションの仕組みを紹介してきました。これを機に、みなさんが日本を再発見し、イスラエルに関心を持っていただけると嬉しいです。たとえ初めは小さくても、イスラエルと日本のビジネスでの関わりは、互いに大きな利益や変化をもたらすと確信しています。

私の日本との最初の出会いは、7歳のときでした。父は名古屋に出張に行き、1つずつ包まれた美味しいキャンディーを持ってイスラエルに戻ってきました。私は美しいパッケージにとても魅了され、できるだけゆっくり食べようとしたのを覚えています。

そのお菓子は私のことを数週間もの間魅了し続けました! 当時、このお菓子との出会いが、その後の私の人生全体を変えるとは、全く想像できませんでした。

この経験がきっかけで、私は日本に興味を抱き、大学で日本についてもっと学ぶことにしました。そこで、すでに世界でも知られていた日本の素晴らしい点とあわせて、現在直面している大きな課題についても学びました。

日本の文化に対する私の理解は、日本の組織で働くことを教えてくれた日本政府の役人の方々と一緒に働くことで日に日に深まりました。また、経済産業省から紹介された日本の文部科学省の寛大な奨学金のおかげで、日本とイスラエルの文化をつなぐ架け橋として京都大学大学院で学ぶ機会も得ることができました。

日本について学ぶなかで出会った数多くの人たちとの関わりがなければ、私の日本に対する学びの多くは、単なる「知識」に終わってしまっていたでしょう。本書の出版に関わったすべての方々に感謝します。

テルアビブ大学東アジア研究学部の方々は、日本文化の基礎を教えてくれました。特に、ミカ・レヴィ・ヤマモリ（山森みか）先生は、学生時代から本書の執筆に至るまで支えてくれました。岩間良次氏、藤原浩昭氏、酒見一斗氏も、日本人と仕事をするためにどうしたらよいのかを教えてくれ、チャンスを与えてくれました。小川康寛・みち子両氏とその御家族は、私を家に招待してくれ、日本の家族生活について教えてくれました。

末松千尋先生、青松秀雄氏、堺政人氏、神納祐一郎・由理両氏、山泉恵子氏、内堀真苗氏の友情と支援に感謝します。外国人である私に心を開いてくれました。私自身、彼らの目を通して、日本の視点から改めてイスラエルを見る機会にも恵まれました。

アビーム・コンサルティングでイスラエルを担当する坂口直樹氏、ルイス・リー氏は取材先を紹介してくださり、本書のチームがイスラエルに渡航するまで全面的にサポートしてくださいました。

ミリオンステップスのヨアブ・ラモット氏、井口優太氏。ワイツマン科学研究所のロン・ミロ教授、起業家のサラ・レヴィ・シュライヤー氏、エラン・ジグマン氏、シモン・エックハウス博士、寺田彼日氏、ロウィー・ベンベニシュティ氏、エラン・エシェッド氏、ハガー・ヤーコブ氏、小川政信氏、デビット・リーボウイッツ氏、榊原健太郎氏。

イスラエルのスタートアップ・ネイション・セントラルのヨアブ・バーレヴ氏、ジェレミー・クレツキン氏、アビブ・アルパー氏。イスラエルと日本の協力の可能性に関する独自の視点を提示してくれたイスラエル・イノベーション機構のアヴィ・ルブトン氏、エラ・ヘラー氏。イスラエル経済産業省のジヴァ・イゲール氏、駐日イスラエル大使館のノア・アッシャー公使、根本豪氏。コピーライターの梅田悟司氏、エルサレム在住の松井雅博氏。彼らがいなければ、本書は作れませんでした。

また、本書の編集者である日本経済新聞出版社の雨宮百子氏の継続的な支援なしには、本書は完成しえなかったでしょう。彼女の情熱と決意が、長期にわたるこのプロジェクトを実現させました。ライターの大井明子氏は、インタビューの翻訳を行い、執筆に精力的に取り組んでくれました。共著者である石倉洋子氏は、絶え間ないインスピレーションを私に与え、メンターとして本書の完成に導いてくれました。彼女と働いたことは、私の人生で最も貴重な経験の一つです。

最後に、日本での素晴らしい経験を、イスラエルから支えてくれた家族に感謝します。彼らの支援なしに執筆という大きな旅を完了することはできませんでした。特に、夫のトメル・シュスマンは、私が日本語での執筆という挑戦を恐れていたときに、挑むことを勧め、タルピオットに関する部分の監修で協力してくれました。本書の成功に時間を費やし、あらゆる段階で私を支えてくれました。

母のヤナ・ルベンチックは、私が夢を決して諦めないために尽力し、常に勇気を与えてくれました。父のダリル・ルベンチックは、いつも私を信じてくれました。すべての始まりとなった、日本のキャンディーを持ってきてくれてありがとう。

ナアマ・ルベンチック

2020年3月

参考文献

Jason Gewirtz *"Israel's Edge : The Story of the IDF's Most Elite Unit - Talpiot"* Gefen Publishing House, 2016
『スタートアップ大国イスラエルの秘密―アップル、グーグルが欲しがるイノベーション力』加藤清司著　洋泉社　2017年
『生きるユダヤ教―カタチにならないものの強さ』勝又悦子・勝又直也著　教文館　2016年
『知立国家 イスラエル』米山伸郎著　文藝春秋　2017年
『アップル、グーグル、マイクロソフトはなぜ、イスラエル企業を欲しがるのか?―イノベーションが次々に生まれる秘密』ダン・セノール／シャウル・シンゲル著　宮本喜一訳　ダイヤモンド社　2012年
『イスラエルがすごい―マネーを呼ぶイノベーション大国』熊谷徹著　新潮社　2018年
『DISRUPTIVE STRATEGY―「破壊的イノベーション」と「進化」の経営』小川政信著　生産性出版　2019年
『「乳と蜜の流れる地」から―非日常の国イスラエルの日常生活』山森みか著　新教出版社 2002年
『一勝九敗』柳井正著　新潮社　2006年

https://www.imf.org/　(国際通貨基金〈IMF〉)
https://unctad.org/　(国連貿易開発会議〈UNCTAD〉)
https://unctadstat.unctad.org/　(国連貿易開発会議　UNCTADStat)
https://www.oecd-ilibrary.org/　(経済協力開発機構　OECD iLibrary)
https://www.innovation-cities.com/　(2thinknow® Innovation Cities™ Index)
https://www.weforum.org/　(世界経済フォーラム)
https://investinisrael.gov.il/　(イスラエル経済産業省)
https://innovationisrael.org.il/en/　(イスラエル・イノベーション庁)
https://embassies.gov.il/tokyo/　(駐日イスラエル大使館)
https://www.weizmann.ac.il/　(ワイツマン科学研究所)
https://www.jewishvirtuallibrary.org/　(Jewish Virtual Library)
https://www.haaretz.com/　(ハアレツ)
https://www.boj.or.jp/　(日本銀行)
https://www.cao.go.jp/　(内閣府)
https://www.mofa.go.jp/　(外務省)
https://www.meti.go.jp/　(経済産業省)
https://www.mext.go.jp/　(文部科学省)
https://www.nier.go.jp/　(国立教育政策研究所)
https://www.jetro.go.jp/　(日本貿易振興機構〈ジェトロ〉)
https://www.keidanren.or.jp/　(日本経済団体連合会)
https://www.jpc-net.jp/　(日本生産性本部)
http://www.vec.or.jp/　(一般財団法人ベンチャーエンタープライズセンター)
https://rc.persol-group.co.jp/　(パーソル総合研究所)
https://www.nippon-foundation.or.jp/　(日本財団)

一橋大学 名誉教授

石倉洋子
Yoko Ishikura

バージニア大学大学院経営学修士(MBA)、ハーバード大学大学院経営学博士(DBA)修了。1985年からマッキンゼー・アンド・カンパニーでコンサルティングに従事した後、1992年 青山学院大学国際政治経済学部教授、2000年 一橋大学大学院国際企業戦略研究科教授、11年 慶應義塾大学大学院メディアデザイン研究科教授。資生堂、積水化学社外取締役、世界経済フォーラムのNetwork of Experts のメンバー。

「グローバル・アジェンダ・ゼミナール」「SINCA-Sharing Innovative & Creative Action-」など、世界の課題を英語で議論する「場」の実験を継続中。専門は、経営戦略、競争力、グローバル人材。主な著書に、『戦略シフト』(東洋経済新報社)、『世界で活躍する人の小さな習慣』(日本経済新聞出版社)、『グローバルキャリア』(東洋経済新報社)、『世界級キャリアのつくり方』(共著、東洋経済新報社)など。

ナアマ・ルベンチック
Naama Rubenchik

1992年イスラエル生まれ。高校を卒業後、3年間イスラエル国防軍のトップ情報収集部門の「8200部隊」という部署で勤務。国防軍では、情報収集コースのインストラクターに選ばれる。退役後テルアビブ大学で経済及び東アジア研究を行い、2016年に卒業。在学中、コンサルティング会社のGTM戦略部門でマーケターと戦略アソシエイトとして働いた。16年〜18年の間在イスラエル日本大使館に勤め、18年に文科省の奨学金で京都大学大学院経済学研究科に留学。19年からイスラエルに戻りフリーのコンサルタントとして活躍する。

トメル・シュスマン
Tomer Shussman

イスラエル国防軍のエリート教育集団、タルピオット・プログラム元チーフインストラクター兼副司令官。テルアビブ大学 物理学修士。2012年度タルピオット・プログラム 最優秀士官賞受賞。イスラエル国防軍シニア・リサーチャー兼プロジェクト・マネージャーを経て、18年7月までタルピオット・プログラム チーフインストラクター兼副司令官としてプログラムを統括。現在ヘルスケア分析関連スタートアップ企業を設立中。

タルピオット
イスラエル式エリート養成プログラム

2020年3月18日 1版1刷

著者 石倉洋子、ナアマ・ルベンチック
監修 トメル・シュスマン
発行者 金子豊
発行所 日本経済新聞出版社
東京都千代田区大手町1-3-7
〒100-8066
https://www.nikkeibook.com/

装幀 新井大輔 中島里夏(装幀新井)
本文DTP マーリンクレイン
印刷・製本 三松堂

ISBN978-4-532-32334-9 Printed in Japan